KB276038

충드 보다
중국사

중드 보다 중국사

봉신연의에서 삼국지까지,
드라마로 즐기며 읽는 중국사

이효민 지음
공일영 감수

포르체

중드 덕후의 중국사 마중

형편이 좋은 집은 아니었다. 지금 생각해 보면 분수에 맞지 않게 비디오비전(TV와 비디오플레이어 일체형 가전제품)이 집에 있었다. 비디오비전이 있다는 것은 비디오 대여를 하였다는 뜻이니, 그 역시도 분에 넘치는 사치였다. 심지어 비디오 대여점의 이름이 박힌 검은 봉지가 하루가 멀다하고 들어왔는데, 이래서 우리집이 가난을 못 벗어났었나 이제 와 생각한다. 하지만 비디오비전 덕분에 문화적 자양분은 궁핍하지 않게 흡수할 수 있었다. 다만 그 자양분은 아버지의 취향대로 9할은 중국 무협 드라마였지만 말이다. 덕분에 나는 〈의천도룡기〉 속 양조위(량차오웨이)가 미래의 슈퍼스타가 될 인재임을 일찌감치 알아 보며 중드 키즈로 자랄 수 있었다.

그때 본 중국 드라마(이하 중드)는 〈초류향〉, 〈무측천〉, 〈의천도룡기〉와 같이 유명한 작품부터 내용도 제목도 비슷비슷한 작품까지 매우 다양했다. 할리우드 영화를 보는 게 좀 더 세련되게 취급받던 때였지만 우리의 취향은 일관되었다. 한 번은 동생에게 홍콩 영화 〈가유희사〉를 빌려오라고 심부름을 보냈더니 할리우드 영화인 〈가위손〉을 들고 왔다. 영화 〈가위손〉이 인기를 끌어 이 집 저집 빌려 가니 대충 듣고는 〈가위손〉이라 짐작하고 빌려준 모양이다. 동생을 혼내고 일단은 〈가위손〉을 보고는 곧바로 〈가유희사〉를 '제대로' 빌려 봤다. 〈가유희사〉를 빌려주며 주인 아주머님은 〈가위손〉이 '빌리기 힘든 거'라고 괜히 강조했다. 그래, 〈가위손〉은 좋은 영화지. 하지만 우리는, 〈가유희사〉를 더 '쳐주는' 집이었다.

비디오비전의 수명이 다 되고 그와 비슷하게 중드와 홍콩 영화에 대한 인기가 식으면서 우리집에는 더 이상 검은 봉지가 들어오지 않았다. 대학에 가고 나서는 가슴에 허세가 들어 괜히 어려워 보이는 프랑스 영화에 눈이 갔다. 그렇지 않더라도 스무 살 여대생이 친구와 비디오방에서 무협물을 보는 건 일반적이진 않았다. 더구나 중드에 갑자기 CG가 요란을 떠는 것도 불편했다. 차라리 배는 흘러가는데 강물은 미동이 없던, 누가 봐도 합성이 분명한 조용한 CG가 그리웠다. 곽부성(궈푸청) 주연의 영화 〈풍운〉을 마지막으로 한동안 중화권 드라마나 영화를 멀리했다. 왕가위(왕자웨이) 감독의 영화에서 만나는 양조위만이 중드 키즈 유전자를 보존할 뿐이었다. 직장을 다니면서도 양조위를 동아줄 삼아 가끔 자취방에서 중드 무협물들을 보며 혼자 추억에 젖을 때도 있었지만 자주 있는 일은 아니었다. 갓 시작한 교직 생활과 동생을 하늘나라로 떠나보낸 이후 가족 간의 불화 등으로 삶의 여유가 없었던 때였다. 이때 내가 선택한 것은 공부였지 중드는 아니었다. 이때를 일컬어 나의 '중드 공백기'라고 부른다. 내가 다시 중드를 보기 시작한 것은 그로부터 10여 년이 지난 때이다.

어떤 일이 계기가 되었는지 정확히는 모르겠다. 분명 아이를 낳기 전후로는 〈명탐정 코난〉에 꽂혔던 것 같은데 언제부턴가 〈명탐정 코난〉은 내가 아니라 아들이 보고 있었고, 나는 다시 중드를 보고 있었다. 명확한 기억은 어느 날 부부 싸움을 하고 나간 남편이 TV를 짊어지고 왔다는 거다. 등반대회 상품이라고 했다. 매일 부부 싸움을 해야 하는 건가 하며 웃지 않을 수 없었다. 이후로 우리집은 종일 TV가 나오는 환경이 마련되었는데 가장 신이 난 것은 친정엄마였다. 우리가 출근한 사이 주야장천 아시아앤에서 나오는 〈포청천〉을 보셨다. 나 역시 어쩌면 포청천은 아직도 나오냐며 옆에서 핀잔을 주면서도 어느새 옆에 앉아 저걸 봤던가 안 봤던가 하면서 같이 보곤 했다. 가족들이 잠든 시간에 혼자 소파에 앉아 TV를 독차지하는 날이면 채널은 의도하지 않아도 중화TV, 아시아앤, 채널 칭, 채널 차이나에 멈췄다. 한동안 굶주린 듯 10여 년의 중드를 몰아서 보기 시작했다. 여전히 CG는 어색했지만 내 마음에 여유가 생긴 덕분인지 CG가 발전한 건지 보기에 거북할 정도는 아니었다. 그렇게 〈촉산전기〉, 〈궁쇄심옥〉, 〈화천골〉, 〈삼국지〉 등을 보았다. 물론 포청천 시리즈도 비타민 챙겨 먹듯 꾸준히 복용했다.

그러다가 독서 모임을 준비하며 공원국 작가의 《춘추전국이야기》라는 책을 읽게 되었는데, 그때 중국사를 제대로 공부하고 싶은 마음이 생겼다. 어쩌면 중드로 중국사를 공부하는 것도 재밌지 않을까? 내 기억력이 얼마나 형편없는지는 스스로 잘 알기에 공부를 위해서라도 중드를 활용할 필요가 있었다. 중국사 공부를 위해 〈봉신연의〉에서 시작하여 시대별 드라마를 찾아보기로 계획을 세웠다. 그렇게 몇 년간의 공부가 이어졌고 그 결과로 이 책이 태어났다.

중국 고장극은 기본적으로 50부 이상이며, 정통 사극의 경우 100부 가까이 되는 것도 있어 이러한 공부법은 많은 시간을 들여야 한다. 그러하기에 2020년에 시작한 나의 중드 중국사 공부는 2025년에야 청나라를 마무리 지을 수 있었다. 다른 사람의 도움이 없이 혼자 공부하고, 혼자 책과 드라마를 고르는 과정에 시간이 많이 소모되었다. 시행착오도 적지 않았다. 이 경험이 누군가에게 도움이 된다면 그 시간들이 헛되지 않을 것 같다.

덕질 유전자가 학구열까지는 빚어냈지만, 그 학구열을

글로 빚는 일은 쉽지 않았다. 자주 멈추고, 자주 망설였다. 한 작품으로 한 시대를 설명해야 하는 점에 한계를 느꼈다. 혼자 공부하기에는 아무래도 좋았지만 다른 사람들에게 읽혔을 때는 그럴 수 없었다. '비전공자가 쓴 중국사가 얼마나 인정받을 수 있을까?'하는 의문도 나를 괴롭혔다. 그래서 혼자 공부할 때보다 이 글을 쓰면서 몇 배는 더 많이 공부했다. 몇 번이고 다른 관점의 정보를 수집하며 더블 체크를 해야 했다. 점점 부담감이 높아져 그만두고 싶을 때도 있었지만, 처음의 내 마음을 돌아보니 답이 나왔다. 나는 중드 덕후이고 덕심으로 중국사를 공부하게 되었으니, 나와 같은 눈높이의 독자들에게 좀 더 다정하게 중국사 한 토막씩을 건넬 수 있지 않을까? "한 뚝배기 하실래예?"라고 묻던 CF 속 친근한 대사처럼 말이다. 그래서 중드를 보며 중국사와 관련된 궁금증을 스스로에게 질문하고 답했다. 7편의 드라마에 35개의 물음을 던지고, 그사이 중드 팬으로서의 정체성까지 담았더니 어느새 한 권의 책이 되었다. 이런 나의 고민과 경험이 중드와 중국사를 좋아하는 팬들에게 다정한 마중이 되기를 바란다. 긴장되면서도 설레는 나의 첫걸음에 함께해 주시는 독자들에게 미리 감사 인사를 전한다. 谢谢您的阅读(읽어 주셔서 감사합니다)!

2025년 12월 이효민

목차

7장 뜻밖의 청나라

1장

중국이란 무엇인가

〈봉신연의〉

장르	선협물
시대	상주교체기
출연	뤄진(라진), 왕려곤(왕리쿤), 위허웨이(우화위), 덩룬(등룬)
방송 시기	2019년
방송 회차	65부작

시작부터 음산한 장면이 펼쳐진다. 주술의 말들과 방울 소리, 연신 하늘과 대화하는 제사장. 아무리 제천 의식이라 해도 요괴들이 떠다니고 짐승과 인간을 불구덩이로 내던지는 장면은 잔혹하기 그지없다. 이를 불편하게 지켜보는 신하들과 아무렇지 않게 점괘를 기다리며 내려다보는 상나라 왕의 모습이 대조적이다. 드라마에서 보여 주는 상나라 마지막 왕인 제신의 외모는 망국의 폭군으로 손색이 없다. 역사서에는 그가 꽃미남에다 능력자였다고도 하지만 드라마 〈봉신연의〉를 보는 동안 그런 평가는 전혀 떠오르지 않았다. 굳이 아름다움을 찾자면, 야성미?

마블 히어로즈를 재밌게 보기 위해서 유럽의 신화를 알아야 하는 것처럼, 〈봉신연의〉를 이해하기 위해서는 중국의 세계관을 알 필요가 있다. 〈봉신연의〉는 실존했던 상나라를 배경으로 하지만 스토리 전개는 판타지에 훨씬 가깝다. 중국의 판타지 무협물을 가리켜 특별히 선협물이라고 부르는데, 선협물의 세계란 수평적인 세계만을 뜻하지 않는다. 하늘과 땅을 기준으로 세계를 여섯으로 나눠 육계라고 부르는데, 〈봉신연의〉의 주인공인 양전은 그중 절반인 인간계, 천계, 요계를 무너뜨릴 저주를 받으며 태어났다.

이 예언을 들은 인간계의 왕 제신은 양전을 찾아 죽이려 한다. 천계의 원시천존도 신선 강자아를 보내 양전을 없애려 한다. 하지만 정작 양전은 자신의 그런 운명을 알지 못한다. 어쩌다 감정이 격렬해져 이마 한가운데에 세 번째의 눈인 흑천안이 드러나면서야 비로소 자신의 운명을 알게 된다. 양전의 선량함을 아껴 강자아는 하늘의 명을 거스르고 양전을 죽이는 대신 스승이 되어 양전을 교화하기로 한다.

한편, 상나라의 폭군 제신은 기주후 소호의 딸인 달기를 얻기 위해 기주를 초토화한다. 양전은 소호가 데려다 키운 양아들이자, 달기와는 오누이이면서 연인이었다. 제신이 양전을 없앨 이유가 하나 더 생긴 셈이다. 달기는 제신의 총애를 이용하여 제신에게 복수하고자 한다. 이를 위해 구미호 자허와 계약을 맺는데, 점점 흑화하는 달기를 지켜보던 자허는 그만 달기를 사랑하게 된다. 양전, 제신, 자허의 사랑을 온몸에 받는 달기이지만 그녀의 삶은 불행하기만 하다. 사랑은, 받는 것만으로는 충분하지 않다.

이처럼 〈봉신연의〉는 구미호에, 신선에, 사각관계까지 역사라고 부를 만한 점이 거의 없다. 심지어 역사 속에 '목야전투'로 기록된 '봉신대전'마저 사람이 하늘에서 내려오고 땅에서 올라오며, 온갖 초능력으로 공격을 주고받으니 어찌 이것을 역사로 볼 것인가? 그럼에도 불구하고 중국사를 이야기하는 이 책에서 〈봉신연의〉를 첫 드라마로 고른 이유는 드라마의 배경이 되는 상주시대가 공식적인 중국사의 시작이고, 육계라는 세계관은 중국 드라마를 이해하는 근본 바탕이기 때문이다. 실제로 이 드라마를 보며 상나라와 주나라의 의미와 중국의 세계관을 이해하는 데에 큰 도움을 받았다. 물론 재미가 더 크지만.

드라마의 마지막은 봉신대전에서 목숨을 잃은 사람들이 '신으로 봉해지는(봉신)' 장면으로 끝이 나는데, 바로 이러한 결말 때문에 이 작품의 제목이 〈봉신연의〉이 된다. 신이 된 이의 수가 하필이면 365명이라는 것은 이 이야기가 얼마나 오랜 기간 동안 입에서 입을, 손에서 손을 거치며 완결성을 갖추게 되었는지를 보여 준다. 현재까지도 만화나 게임의 주인공으

진 (순서대로)	진을 만든 절교 도인 (상나라)	주나라 1차 공격 (천교 제자 또는 인간)	진을 깬 주나라 측 천교 도인
천절진	진천군(봉신)	옥허궁 등화(봉신)	광법천존
지열진	조천군(봉신)	도행천존 한독룡(봉신)	구류손
풍후진	동천군(봉신)	방필(봉신)	자항도인
한빙진	원천군(봉신)	도행천존 설악호(봉신)	보현진인
금광진	금광성모(봉신)	옥허궁 소진(봉신)	광성자
화혈진	손천군(봉신)	백운동 교곤(봉신)	태을진인
열염진	백천군(봉신)	육압	육압
낙혼진	요천군(봉신)	방상(봉신)	적정자
홍수진	왕천군(봉신)	오이산 조보(봉신)	도덕진군
홍사진	장천군(봉신)	무왕(ft.뇌진자, 나타)	원시천존 외

봉신대전의 주역들[1]

로 우리 삶에 깊숙이 들어와 있으니 중국으로선 큰 재산인 셈이다. 어마어마한 이 세계관에 감탄하면서도 한편으로는 이에 필적할 만한 '단군연의'가 없다는 사실이 몹시 아쉬웠다.

〈봉신연의〉는 동명의 소설[2]을 원작으로 두고 있는데, 소설 역시 시간 가는 줄 모르고 빠져 읽었다. 특히 봉신대전에서

---

1 상나라 측에서 진을 하나 만들면 주나라 측에서 여러 차례에 걸쳐 진을 깨는 방식이 반복된다. 열 번의 진을 모두 깨면 봉신대전이 끝이 나고 진을 만든 사람들과 진을 깨다 목숨을 잃은 사람 모두 봉신되며, 이 사람들의 합이 모두 365명이다. 이 표는 소설 《봉신연의》(허중림, 솔출판사)를 읽고 필자가 정리한 것이다.

2 소설 《봉신연의封神演義》는 명대明代 중기에 완성되었으며, 단순히 신마소설神魔小說로 분류되는 것을 넘어 도교 사상과 불교 요소, 민간 신앙이 혼합된 당시 중국의 종합적인 세계관을 보여 주는 중요한 텍스트라 볼 수 있다. [감수자 주]

1장 중국이란 무엇인가

개인 최적화된 무기들과 진법들을 묘사한 부분은 백미이다. 이래서 〈봉신연의〉가 드라마, 영화, 게임 등으로 다양하게 재창작되는 거라고 이해가 갔다. 다만, 운문 형식의 글이 낯설어 나 역시 처음 소설을 읽고자 했을 땐 이내 포기했었다. 그러다 드라마를 보며 다시 읽기 시작했는데 이번엔 술술 읽혀 신기했다.

주나라 건국과 관련되어서는 소설 《봉신연의》를 원작으로 한 〈봉신방〉 시리즈가 2001년부터 드라마로 만들어져 3편까지 나왔으며, 영화로도 〈봉신연의〉, 〈봉신외전〉, 〈봉신대전〉, 〈봉신방〉 등 다양한 제목으로 많이 제작되었다. 게임이나 애니메이션 등 여러 장르로 재생산되고 있어 〈봉신연의〉를 만나기는 어렵지 않다. 오늘 탄 버스 창문에서도 게임 속 인물로 분한 '나타'의 이름을 만났다! 그러니 중국사를 이해하기 위한 첫걸음으로 〈봉신연의〉를 보는 건 꽤 괜찮은 선택 아닐까?

중국사의 시작은 언제부터일까?

〈봉신연의〉는 상나라 멸망 직전을 배경으로 한다. 중국사의 첫 왕조가 멸망하는 순간이다. 물론 이건 사료에 근거한 '첫'이다. 중국에서는 상나라 이전 왕조인 하夏왕조를 중국 역사상 첫 번째 왕조라고도 주장한다. 충분히 납득이 가는 주장이다. 물론 그보다도 더 오래전인 삼황오제 시대를 말하는 이들도 있다. 하지만 역사란 사료로 증명되는 법, 학계는 확실히 고증된 상商나라를 중국 최초의 왕조로 본다. 그것이 기원전 1600년 경이다.[3] 물론 이것은 발굴과 연구 등으로 언제든 달라질 수 있다. 지금 우리가 말하는 역사는 현재까지의 정보를 바탕으로 한 '아직까지의 역사'일 뿐이다. 개인적으로는 직전

시대인 하나라까지는 곧 역사로 충분히 증명될 것으로 기대
한다.

　중국사를 이야기하기 전, 하나라 이전인 신화의 시대부
터 간단히 짚고 넘어가자. 신화의 시대는 삼황오제 시대가 대
표적인데 삼황은 천황(복희씨), 인황(헌원씨), 지황(신농씨)를, 오
제는 황제, 전욱, 제곡, 요, 순을 주로 꼽는다. 훗날 진시황제가
처음 칭한 '황제'라는 말이 이 삼황오제에서 탄생했다. 무협
드라마를 보면 황제가 지녔다는 전설의 헌원검에 대한 이야
기도 많이 나오는데, 이 또한 신화시대를 기반으로 하였다. 그
러고 보니 자주 다니던 한의원 이름도 신농씨였다. 중국 신화
는 생각보다 가까이 있다. 그 삼황오제 시대의 마지막에 태평
성세의 상징으로 거론되는 '요순시대'가 있다. 우리나라 고조
선이 요임금 시대에 건국되었다.

　요순의 시대를 지나 하왕조가 있었고, 하나라 걸왕의 폭
정을 진정시키며 탕왕이 상나라를 세웠다. 상나라는 수도 중
하나였던 '은殷'의 이름을 따 은나라로도 불리는데 그래서 드
라마 속에서 왕의 이름은 '은수'이고, 태자의 이름이 '은교'였
던 것이다.[4] 은허의 발굴로 많은 유물들이 상나라의 존재를 명

3　현재 중국 학계는 얼리터우二里頭 유적을 하夏 왕조와 연결 지어 '하상주 단대
공정夏商周斷代工程'을 통해 하 왕조의 존재를 기정사실화하고 있다. 이것이 최근 중국
역사 연구 동향이다. [감수자 주]

백하게 증명하고 있다. 명명백백한 역사의 영역이다. 이 유물들에 의하면 상나라는 당시 대외적으로 영토가 넓은 강국이었고, 당시 우리나라는 여전히 고조선이었다. 요임금 때 건국되어 하상주를 지나 한무제 시기까지 존재했다니 그간 막연했던 고조선도 구체적인 실체로 느껴졌다. 학창 시절 고조선에 대해 배운 내용을 떠올리며 상나라에 대해 탐구해 보자.

고조선과 마찬가지로 상나라도 청동기 시대에 속하며, 계급 사회, 제정일치 사회였다. 이를 증명하는 청동기 유물들이 은허에서 많이 발굴되었으며, 〈봉신연의〉에서도 각종 유물과 다양한 신분의 사람들을 만날 수 있다. 정치적 결정과 종교적 결정이 다르지 않았던 시대였다는 것은 첫 회의 제사 장면과 주문왕 희창이 상나라에 갇혔을 때 《주역》을 완성했다는 것을 통해서도 알 수 있다. 또한 고조선이 농경 사회였듯 상나라도 황하 주변에 위치하여 농업이 발달했다. 학창 시절 열심히 공부한 보람이 있다.

하지만 상나라가 상업이 발달한 부국이었다는 사실은 미처 생각하지 못했다. 심지어 갑골문의 발견으로 문자를 기록한 문명국이었다는 것도 밝혀졌다. 우리나라 교과서에 실린

---

4   주왕紂王(제신)의 이름은 수壽였으며, 그가 은殷나라 사람이므로 은수殷壽로 불린다는 설정은 드라마의 창작이다. 고대 중국에서 군주 이름에 나라 이름을 포함하는 경우는 흔치 않으며, 보통 성姓과 명名을 합친 형식으로 불렸다. [감수자 주]

고조선 삽화를 떠올리면 더더욱 물음표가 그려진다. '우가차카 우가차카'를 겨우 면했을 거라고만 생각했던 청동기 문화가 〈봉신연의〉에서처럼 번화할 수도 있다고? 우리가 현재 상업이라고 부르는 이름이 상나라에서 시작된 것이라는 사실까지 알고 나니 〈봉신연의〉 속 모습을 믿을 수밖에 없다. 그간 청동기 문화를 너무 얕본 모양이다.

농업도, 상업도, 건축도 다 발전했건만 정치가 발전을 못해서 결국 상나라는 망했다. 정치가 이렇게 중요하고 어려운 것이다. 갑자기 우리나라 정치가 생각나 속이 쓰려 온다. 고대는 고대라서 그렇다지만 수천 년이 흐른 현대의 정치는 왜 이런 걸까? 역사는 상나라 마지막 왕에게 '다른 사람을 해치는 자'라는 뜻을 담아 주紂왕이라는 불명예스러운 이름을 주었다. 역사를 두려워해야 하는 이유가 여기에 있다. 역사는 냉정하다. 살찌는 덴 야식이 적격이고 나라가 망하는 덴 폭군이 적격이라, 나는 살찔 수밖에 없고 상나라는 망할 수밖에 없었다. 앞에 말한 꽃미남설과 능력자설은 그가 포락지형炮烙之刑을 만들고 주지육림酒池肉林을 누렸다는 것만으로도 진즉에 설득력을 잃었다. 힘의 통치에 지친 사람들이 뜻을 모아 덕치 시대를 꿈꾸며 세운 나라가 주周나라이다.

앞서 '단군연의'가 없음을 안타까워했지만 몇 해 전에 우리나라에도 상고시대를 배경으로 한 〈아스달 연대기〉가 방영

되어 화제가 된 적이 있었다. 이러한 시도는 반가웠지만 실제 명칭인 단군이나 고조선, 아사달 대신 아스달이니 뇌안탈이니 하는 새로운 이름을 사용하여 판타지 그 이상으로 보긴 어려웠다. 〈봉신연의〉만큼의 완성도를 지니려면 많은 시간과 노력이 필요하겠지만 지금이라도 고조선에 대한 드라마 하나는 꼭 생겼으면 좋겠다. 쑥과 마늘 이야기로만 고조선을 떠올리는 것은 좀 빈약한 느낌이 든다. 한 나라의 시작을 나타내는 풍성한 이야기가 있다는 건 낭만적인 일이니까. 중국은 '〈봉신연의〉 부심'은 가져도 좋을 것 같다.

〈봉신연의〉를 게임이나 만화로 먼저 접한 이들은 특히 드라마 속 전투신을 보는 것이 큰 즐거움일 것이다. 반면 어떤 이들은 애절한 러브스토리를 보는 것이 목적일 것이다. 하지만 나는 신선 강자아를 보는 것이 가장 큰 낙이었다. 명색이 신선인데 원시천존이 말할 때 꾸벅꾸벅 조는 등 빈틈 아니 빈 구덩이가 넘쳐흐르는 주인공 강자아에게 취향을 저격당했다. 위허웨이가 연기를 잘한 덕분이다. 훗날 〈서유기애니일만년(2021)〉에서도 이와 비슷한 캐릭터인 삼장법사를 만났다. 미남 배우들을 뒤로 하는 나의 B급 정서가 궁금하신 분들은 꼭 〈봉신연의〉와 〈서유기애니일만년〉을 보시라. (서운해 말아요, 위허웨이! 30년

전, 4대 천왕의 인기를 뒤로 하고 양조위 한 사람만 좋아했는데 아시다시피 그는 현재 세계적인 배우잖아요? 제 취향은 썩 믿을 만하답니다!) 취향 고백은 이쯤에서 접고, 볼수록 매력적인 강자아에 대해 본격적으로 탐구해 보자. 특히 그의 이름을 집중적으로.

강자아는 주나라 건국에 공을 세운 사람으로, 제갈량이나 손자보다 훨씬 앞서 등장한 책사이자 전술가였다. 병법서 《육도삼략》을 지은 것으로 알려져 있기도 하다.[5] 심지어 그는 강태공이라는 이름으로도 유명한 인물이다. 〈도시어부〉에 자주 등장하는 강태공? 그렇다, 그 강태공이 바로 강자아를 가리키는 별명이다. 강자아가 낚시터에서 물고기를 얼마나 낚았는지는 모르겠지만 그 이름 하나만으로도 여러 사람의 인생을 낚은 것만은 분명했다. 강태공이라 불리는 것뿐만이 아니다. 강자아는 강상, 강비웅, 여상 등 다양한 이름을 가졌는데, 이것을 이해하려면 중국식 명명에 대한 설명이 필요하니 한 번 파헤쳐 보자.

우선, 강자아[6]의 이름을 요소 요소 쫙 펼쳐 보자. 성姓은 강姜이요, 씨氏는 여呂요, 명名은 상尙이요, 자字는 자아子牙요, 별명은 태공망太公望이다. 이중 성과 씨를 각각 명, 자, 별명과 조

---

5   《육도삼략六韜三略》은 강자아(강상)의 저술로 알려져 있지만, 실제로는 전국시대 또는 한나라 시대에 만들어진 위작僞作으로 보는 것이 학계의 일반적인 견해이다. [감수자 주]

합하면 여러 개의 이름을 만들어 낼 수 있다. 이것은 수학인가, 역사인가? 복잡해 보이지만 조금만 참고 찬찬히 따라와 보시라. 이중 성姓, 씨氏, 명名, 자字는 현재 우리가 성씨姓氏와 명자名字[7]라고 붙여 부르는 것의 기원이 된다. 벌써 하나를 깨달은 느낌이 들지 않는가?[8]

성姓과 씨氏 중에 성姓은 부족명이고, 씨氏는 가문명으로 설명할 수 있다. 성姓, 강姜, 희姬에 女 변이 붙은 것을 보면 알 수 있듯이 성은 모계 사회의 특징을 반영한다. 그러니까 부족명인 성은 어머니가 낳은 자식이면 딸이건 아들이건 모두에게 붙일 수 있었다. 반면, 씨氏는 그 하위 계통명으로 부계 사회로의 진입을 상징한다. 따라서 씨氏는 독립된 가문의 남성에게만 붙였다. '씨를 말리겠다.' 등의 독기 어린 말에 여성은 포함되지 않는다는 뜻이다. 왠지 기분이 나쁘면서도 다행인 생각이 든다. 성과 씨를 이해했다면, 그다음 만날 명名과 자字는 우리나라 사극에서도 자주 등장하여 어렵지 않다.

---

6   사마천의 《사기·제태공세가史記·齊太公世家》에 "太公望, 呂尙者也, 姜姓."(태공망은 여상이라 불렸으며 성은 강이다.) 쓰여 있다. 이 문장에서 태공망, 여상, 강상이 모두 가능함을 알 수 있다. 강자아라는 명명은 《봉신연의》를 비롯한 자료에서 등장한다. 달기에 대한 내용은 필자가 《사기》, 《봉신연의》 등에서 인물 관계를 통해 추론한 내용이므로 오류가 있을 수도 있음을 밝힌다. 실제로 서시의 경우 성이 먼저 쓰여 여성의 이름에는 엄격한 규칙이 없었을지도 모르겠다.

7   중국어로 이름은 名字(míngzi)이다.

8   본문의 작명법은 고대의 것으로 볼 수 있다. [감수자 주]

명名은 다른 말로 아명兒名이라고도 부르는데 날 때부터 가진 이름을 뜻한다. 강자아는 날 때 '상尙'이란 이름을 받았기 때문에 강상이라 불렸다. 강상으로 잘 자라다가 관례를 치를 때 자아子牙를 자字로 받아서 강자아姜子牙가 되었다. 당연히 자字가 있는 경우 자로 부르는 것이 예의였는데, 가끔 상대를 욕할 땐 아명을 불렀다고 한다. 서로 아명을 부르며 싸우는 어른들을 상상하니 큭큭 웃음이 난다. 지금까지를 정리하자면 그의 이름은 강상, 여상, 강자아, 여자아까지 모두 가능하다.

그러나 그에겐 이름보다 더 유명한 별명이 있으니 바로 '태공'이다. 자, 이제 태공이라는 블록을 끼워 보자. 이 별명은 과거 주나라 문왕이 낚시터에 있던 강상을 책사로 모시러 가서 '태공'이 그리워한 유형의 인재'라고 말한 데에서 기인한다. 그러니까 그가 낚시를 잘해서 강태공이라 불린 게 아니란 말이다. 다들 헛다리 짚었다! 하필 그날 그가 낚시터에 있었을 뿐이다. 그가 그때 도축장에 있었다면 강태공이라는 호칭은 '도축의 달인'을 의미하는 것이 되었을 것이다. 그는 또한 '비웅'이라고도 불렸으니 이제는 이름이 몇 개인지 세기도 어려울 지경이다.[10]

9 　주문왕의 아버지인 계력을 일컫는다.

10 　비웅飛熊은 주문왕文王이 그를 만나기 전 꿈에서 '비웅'을 얻을 것이라는 예언을 들었다는 신화적 일화에서 유래한 명칭이다. [감수자 주]

오랜 공을 들여 정리했지만 그저 궁금해서 알아 본 것일 뿐 어떤 이름을 꼭 정해서 쓰자는 의도는 없다. 이름이라는 게 개떡같이 불러도 찰떡같이 알아듣고 불러서 서로 기분 좋으면 된 거 아닌가? 그래서 나 역시 옳고 그름을 떠나 익숙하고 예쁜 이름인 '강자아'를 쓸 것이다. 이보다 한참 지난 청나라 고장극을 보면 이름에 아阿나 얼儿을 붙여 부르는데, 이는 친밀함의 표현이다. 가령, 견환이라는 사람을 두고 친구들은 '아환'으로, 연인은 얼화하여 '환얼'이라고도 부른다. 또는 마지막 글자를 반복해서 '환환'이라고도 부른다. 이런 뜻이라면, 강자아 역시 '아얼'이나 '얼아', '아아'로 부르고 싶지만 왠지 카페의 메뉴 같아 포기한다. '상상'은 포기하기 아까운데…….

이름을 알아 본 참에 강자아에 대해서도 조금 알아 보자. 김춘수의 시에서 말하듯 그의 이름을 부르자 내게 와서 꽃이 되었으니 말이다. 〈봉신연의〉에서 강자아는 인간계에 내려온 신선으로 설정되며, 상나라를 멸하고 주나라를 건국하는 임무를 수행했다. 그가 신선이라는 것은 웅녀가 마늘을 먹고 사람이 되었다는 이야기와 비슷한 류로 이해하면 되지만, 그가 주나라를 건국하는 개국공신이었다는 점은 역사적 사실로 받아들여도 좋다. 왜냐하면 주나라 무왕이 상나라를 멸한 후에 친척과 공신들에게 나라를 나눠 주어 다스리게 했을 때, 강자아 역시 공신의 자격으로 제나라를 받았다. 그래서 초기 제나라를 강제라고도 부른다. 춘추시대 제후국들 중 가장 먼저 패권을 잡았고, 전국시대까지도 건재한 걸 보면 강자아의 정치 유전자가 전해진 게 아닐까 하는 생각도 든다. 정치가 관중과 안자까지 제나라 사람이었으니 유전자가 아니라면 정치 문화라고 해도 좋겠다.

강자아는 이름도 많았고 능력도 많았고 신분도 많았지만, 나는 그중 낚시하는 한량 '강태공'의 모습이 가장 맘에 든다. 드라마에서 부인에게 빗자루로 두들겨 맞으면서도 행복해하는 강자아의 모습은 처음에 꾸벅꾸벅 졸던 신선의 모습과 마찬가지로 사랑스럽다. 이런 모습으로 늙어 가고 싶다. 〈봉신연의〉에서 강자아는 자기를 인간계로 보낸 원시천존을 원망하며 "인간계에서 사는 게 정말 너무 힘듭니다."라고 푸념한다. 와, 신선도 인간계가 힘들다니! 한낱 인간이야 별 수 있나? 마음이 편해졌다. '그렇죠? 삶은 원래 힘든 것이죠?' 그럼에도 불구하고 주어진 삶에 최선을 다해서 살아야 한다는 걸 강자아는 보여 준다. 실제 강자아가 관직에 나간 것은 70세에 이르러서였다고 하니 우리도 포기하지 말고 토닥토닥 어깨 두드려 가며 잘 버티어 보자.

주나라 무왕은 목야전투에서 승리하며 드디어 상나라를 무너
뜨렸다. 이에 주무왕은 상나라를 무너뜨리는 데 기여한 공신
들과 친척들에게 지역(봉지)을 떼어 주며 다스리게 하는데, 이
절차를 분봉分封이라 한다. 앞서 말했듯 강자아는 공신의 자격
으로 제나라를 분봉 받아 제나라의 시조가 되었고, 무왕의 동
생인 주공과 소공은 각각 노나라와 연나라 땅을 분봉 받았다.
분봉 받은 제후들은 땅을 내어 준 주나라 왕에게 복종해야 했
는데, 이처럼 분봉에 의해 왕과 제후의 관계가 맺어지는 제도
를 봉건제도라고 한다. 주나라의 봉건제도가 혈연이나 그에
준하는 밀접한 관계로 이루어졌다는 점이 유럽의 봉건제도와

가장 큰 차이점이다. 유럽의 봉건제도는 계약 관계로 맺어졌기 때문이다. 충성도 면에서 보자면, 당연히 주나라 봉건제도의 효과가 훨씬 컸다. 피는 돈보다 진‘했’다.

학교 다닐 때 ‘주나라의 봉건제도’라고 배워 이 말이 입에 착 달라붙지만, 〈봉신연의〉를 보면서 의문이 들었다. 아니, 상나라에도 제후국이 있네? 아니, 그럼 상나라에서 봉건제도를 시작했던 건가? 주나라의 봉건제도라며? 온갖 물음표가 〈봉신연의〉를 보며 생겨났다. 〈봉신연의〉에서 상나라 왕에게 갇힌 서백후 희창은 훗날 주나라를 건국하는 주문왕이다. 그런데 ‘서백후’라는 작위명에서 제후의 냄새가 물씬 나지 않는가? 서백후를 풀어 쓰면 ‘서쪽에 있는 백작 계급의 제후’가 된다. 또한 사마천의 《사기본기》의 ‘은본기’에는 상나라 왕이 서백창, 구후, 악후를 삼공으로 삼았다는 말이 나오며, 여기에 숭후호를 보태 동서남북의 제후[11]들이 있었다고 전해진다. 이들 외에도 크고 작은 제후국들이 있었고, 각 제후들의 계급도 달랐다면 상나라에도 봉건제도가 있었던 게 아닐까? 학교 다닐 때 세계사 과목의 성적이 나빠 자신은 없지만, 이 정도면 합리적인 의심 아닌가? 더 따져 보자.

11　각각의 이름은 동백후 강환초, 서백후 희창, 남백후 악숭우, 북백후 숭후호이다. 〈봉신연의〉 및 《상주본기》에 언급된다.

주나라가 봉건제도를 실시한 것은, 일개 제후국이었던 주나라가 어찌저찌 천하를 제패하였으나 천하를 다스릴 능력은 부족했기 때문이다. 상나라 때 제후국들이 각 영지를 다스렸던 경험이 있으니 비슷한 시스템을 도입하여 주나라를 운영하고자 했을 것이다. 다만 상나라의 제후국과 달리 혈연으로 연결된 강력한 유대 관계 즉, 복종 관계를 맺고자 했다. 이 점이 상나라의 제도와 가장 큰 차이점이다. 왜냐하면 상나라의 제후국들은 비록 상나라에 충성했으나 기본적으로 독립성이 강했고, 동맹 관계도 주나라에 비해 느슨했다. 다시 말하지만, 피는 힘보다도 진'했'다. 힘센 제후국의 반란도 적지 않아 상나라는 제후국들을 견제하느라 힘을 앞세워야 했다. 마지막 왕이 꽃미남이 아니라 폭군이 될 수밖에 없는 구조였다. 이런 차이를 들어 일반적으로는 상나라의 제도를 봉건제도라고 말하진 않는다. 하지만 여전히 혼란스럽다. 차이가 너무 미미한 거 아닌가? 딱 잘라 아니라고 말하긴 어려워 보인다. 나만의 결론을 내릴 차례가 온 것 같다. 여러분도 이 글을 읽으며 각자의 정의를 내려보는 것도 좋겠다.

〈봉신연의〉를 보지 않았다면 몰라도 지금은 무턱대고 주나라가 봉건제도를 시작했다고만 주장하지는 못하겠다. 남이 떠먹여 준 지식을 무의식적으로 입 밖으로 내뱉기엔 뭔가를 알아버렸다. 그래서 다음의 앎으로 넘어가기 위해 나름대로 정리를 해 보고자 한다. 봉건제도의 가장 중요한 성립 조건은 '분봉'의 절차이다. 상나라의 경우 봉토를 나눠 준 것이라기보다는 정복에 의한 경우가 많았다. 따라서 같은 제후라고 해도 상나라의 제후들은 절대적인 수직 관계가 아닌 일시적 수직 관계로 보인다. 바로 이러한 점 때문에 봉건제도라 불리지 않는 것 같다. 물론 나는 역사학자가 아니라 확언할 수는 없다. 그래서 일단 한 발 빼 '상나라에 봉건제도로 볼 수도 있는 제도가 있었지만 주나라의 봉건제도와는 다르다'는 정도로만 정리하고자 한다. 이것을 봉건제도라고 부를지 말지 좀 더 학문적인 이야기는 역사학자들에게 부탁드려야겠다.[12] 어쨌든 내 머릿속에서는 개념 정리가 끝났으니 다음으로 넘어가 주나라의 봉건제도를 알아 보자.

앞서 말했듯 주나라의 봉건제도는 '분봉'으로 시작한다. 처음 주나라 무왕이 분봉하였을 때에는 희씨 성을 가진 왕실 일족에게 56개국, 다른 성씨에게 70여 개국을 분봉하였으나 이후 초나라를 비롯한 이민족 제후국도 생겨나 제후국의 수는 유동적이었다. 이때 주나라의 군주는 왕王으로, 각 제후들은 공公이나 후侯로 불러 위계 관계가 확실했다. 제후들이라고

12　중국 봉건제도의 확립은 주나라(서주시대)로 보는 것이 학계의 전반적인 의견이다. 다만 일부 학자들은 상(은)나라 시대에 왕족이나 유력가를 지방에 파견하여 다스리게 한 점으로 봉건제도의 시작을 상(은)나라로 주장하기도 한다. [감수자 주]

모두 동등한 지위는 아니었고 신분의 차이가 있었다. 각 신분은 우리가 중세 유럽을 배경으로 한 드라마에서도 본 적이 있는 공작, 후작, 백작, 자작, 남작이었다. 혈연관계로 맺어진 제후일수록 높은 신분을 갖게 된다는 건 당연했다. 전국시대를 다룬 다큐드라마 〈풍운전국〉의 초나라편에서 자작 신분인 초나라 제후가 다른 제후국들에게 멸시 당하는 것을 보며 신분의 차이를 체감할 수 있었다. 하지만 이러한 차이도 주나라의 권위가 강할 때나 의미가 있지, 주나라의 힘이 약해진 동주東周시대 끝자락으로 가면 초무왕처럼 제후들도 모두 스스로를 왕이라고 일컫기 시작한다. 왕이라 칭한 이상 제후들 간의 신분차는 의미가 없으니, 세상은 다시 힘의 정치로 돌아간다.

　주나라가 멸망한 것이 제후국의 힘을 키워 준 봉건제도 때문이라는 주장도 있지만, 그런 것치곤 평화롭게 오래 버텼으니 주나라로서는 봉건제도를 선택한 것이 나쁜 수는 아니었다. 한 나라를 하나의 유기체로 보자면, 모든 유기체는 언젠가 소멸한다. 어차피 소멸할 것이라면 평온하게 소멸하는 게 좋지 않을까? 기원전 1046년부터 800년 가까이 봉건제도라는 '길고 얇은' 카페트를 깔고 그 위에 둥둥 떠 있었으니 그것도 나쁘진 않다. 나의 소멸도 강태공이 낚시하듯 좋아하는 일이나 느긋하게 하다가, 주나라처럼 남에게 피해 주지 않고 평온하게 진행되었으면 좋겠다.

달기는 정말 악녀일까?

〈봉신연의〉(2019)에서 달기는 기주 지역의 제후인 소호의 딸이다. 여기서 잠깐! 복습을 하나 해 보자. 그녀를 '소달기'로 부르면 된다, 안 된다? 정답은, 안 된다![13] 아무튼 달기는 상나라 왕 제신이 기주후 소호와 기주성을 파괴하고 빼앗아 온 여인이다. 가족과 고향을 파괴한 상나라 왕에게 복수를 하기 위해 달기는 오히려 그를 더 강렬하게 유혹하기로 결심한다. 그래

---

[13]　소는 씨이고, 기는 성이다. 따라서 둘을 함께 붙여 소달기라고 써서는 안 되며, 달기의 경우 여성이기 때문에 일반적으로는 기성을 달이라는 이름 뒤에 붙여 달기라고만 부른다. 하지만 고대 여성의 이름은 서시처럼 성을 앞에 붙이기도 하니 일관된 규칙을 찾기 어렵다.

서 상나라를 무너뜨리려고 한다. 그래서 상나라 멸망의 원인으로 그녀를 탓하는 것이다. 하나라의 걸왕이 말희에게, 주나라 유왕이 포사에게 빠져 나라를 망하게 했다고 했던 것처럼 말이다. 그런데 정말 그녀들 때문일까? 정말 달기 때문이었을까? 다른 누구의 잘못보다 달기의 잘못이 커서 이 오명을 수천 년 동안 받는 걸까? 물론 포락지형과 주지육림을 제신과 함께 즐겼다는 것이나 충신 비간의 심장을 도려내는 것을 부추겼다는 기록을 보면 그녀의 행동은 비난받아도 마땅하다. 그러나 나라를 망하게 한 이유로 그녀를 우선 지목하는 것은 재고할 필요가 있다. 당시 한낱 후궁이 정치에 관여한 다른 신하들보다 더 큰 책임을 지는 것은 불공평하다.

중국사에서 망국의 책임을 덮어쓴 여인이 달기 하나만은 아니었다. 그중 4명을 꼽아 '중국 4대 악녀'라고 부르며 대대손손 전하고 있다. 그렇게 뽑힌 여인들이 상나라의 달기, 한나라 여태후, 당나라 황제 측천무후, 청나라 말기 서태후이다. 망국의 책임을 짧게는 수백 년, 길게는 수천 년을 지고 있는데 그녀들에게 억울한 면은 없을까? 원통함을 한번 풀어보는 기회를 갖고자 한다.

달기는 앞서 언급하였듯이 상나라 마지막 왕인 제신의 폭군 행진을 부추긴 잘못은 있으나 사연이 있다. 가족과 고향을 도륙한 남자에게 납치되어 그의 총애를 받는 후궁이 된다

는 건 보통 괴로운 일이 아니다. 말이 좋아 후궁이고 총애지
성 노리개의 다른 말이 아닐 것이다. 죽지 못해 사는 삶이리
라. 그런 달기에게 어짊까지 바라는 건 너무 잔인한 일 같다.
버티어 산 것만으로도 갸륵한 마음이 든다. 달기를 악녀나 요
녀로 부르기 전에 그녀가 가족과 집을 잃고 납치된 사정을 먼
저 살피는 게 우선이 아닐까? 어쩌면 달기와는 다르겠지만 여
태후, 측천무후, 서태후에게도 혹시 말 못 할 사정이 있었던
것은 아닐지 차례차례 만나 보자.

여태후의 이름은 여치로 한고조 유방이 한나라를 건국하
기 전에 결혼하였으며, 현명하고 대범한 내조자의 역할을 잘
해냈다. 하지만 한고조가 죽고 아들 혜제가 어린 나이에 황제
가 되자 숨겨 왔던 권력욕이 발산되었다. 사마천은 제왕들의
기록인 《사기본기》에 한혜제 대신 어머니인 여태후를 기록했
다. 혜제 시절 실질적으로는 여태후가 다스린 점을 반영한 것
이다. 이러한 후대의 평가를 보면 정치가로서는 인정받은 듯
한데 어쩌다 악녀의 타이틀도 얻게 되었을까?

가장 유명한 것은 '척부인 사람 돼지 사건'이다. 유방의
총애를 받던 척부인의 팔다리를 잔혹하게 절단하여 돼지우리
에 살게 했다는 행적은 글로만 읽어도 엽기적이다. 비록 척부
인이 자신의 아들 유여의를 황제에 올리기 위해 한고조를 유
혹한 것에 대한 처벌이라지만 저렇게까지 할 일인가 섬뜩하

다. 사마천은 이 일을 기록하며 이때의 트라우마로 혜제가 정사를 돌보지 않았다는 의견을 덧붙였다. 한고조가 살아 있을 때 한신을 불러들여 죽인 전력은 척부인에게 한 일에 비하면 자애로운 처사였다. 단순한 후궁의 지위였던 달기와 달리 여태후는 제왕의 위치에서 정적들을 죽여 가며 여씨 천하를 이루고자 했다. 물론 제왕의 역할도 잘해 냈다. 한나라 초기 안정을 가져오고, 여성들의 억압을 해소한 점은 특히 높이 평가받는 업적이다. 이러한 여태후의 양면성을 어떻게 평가할지는 시대의 기준에 따라 달라질 것이다. 지금까지는 사마천의 평가가 가장 후한 듯 그녀를 긍정적으로 그린 드라마를 찾기는 여전히 어렵다. 드라마 〈미인심계〉에서도 훗날 한문제가 되는 유항에게 스파이까지 보내는 주도면밀한 여태후를 만날 수 있다. 지금은 슈퍼스타가 된 린신루(임심여)와 양미의 앳된 모습은 덤이다.

다음 악녀 명단에 이름을 올린 측천무후는 중국 최초의 여황제라는 영광스러운 타이틀을 가지고 있으나, 한때는 악녀 순위 1위에 이름을 올리기도 했다. 다만, 시대가 변하여 현재는 꽤 괜찮은 군주였다는 평가가 우세하다. 측천무후는 당태종의 후궁이었다가 그의 아들인 당고종의 황후가 되었으며, 얼마 안 가 직접 황위에 올라 무씨 천하를 이룬 여인이다. 여태후가 이루고자 했던 야망을 측천무후는 이루어 냈다. 법적 아들의 부인이 되었다는 부도덕함이 그녀에 대한 최초의 비난이요, 황후가 되기 위해 어린 딸을 직접 죽인 패륜지악은 결정적이었다. 그 외에도 아들들을 폐위시킨 점, 수많은 남총을 거느리며 사치스러운 생활을 했다는 점이 덧붙는다.

내가 처음으로 측천무후를 만난 것은 1995년 작 〈여황제 무측천〉에서였다. 그때까지 내가 아는 여왕은 우리나라의 선덕여왕과 영국의 엘리자베스 여왕이 전부였다. 그 두 사람과 측천무후는 너무나 다른 여왕이었다. 악녀와 요녀, 그것이 측천무후에게 붙는 수식어였다. 그러던 측천무후가 2010년의 영화 〈적인걸:측천무후의 비밀〉에서 갑자기 화장기 없는 얼굴로 황제의 옷을 입고 등장했다. 낯설었지만 잘 어울렸다. 어쩌면 진짜 측천무후는 저런 모습은 아니었을까 처음으로 생각했다. 이후에 본 〈여인천하〉에서는 노련한 정치인이었으며, 심지어 〈미인천하〉에서는 자애롭기까지 했다. 시대가 변하며 그녀에 대한 평가 역시 변한 것이다. 부도덕하다는 비난은 당 태종에 이어 당나라의 중흥기를 이끌었다는 점으로 상쇄되었다. 어쩌면 그녀를 악녀의 칸에 밀어 넣었던 건 그녀가 여성이었기 때문만은 아니었을까? 따져 보면 황제가 된 아들들이 무능력하였으니 폐위가 잘못된 선택만은 아니었으며, 남자 황제들의 여성 편력에 비하면 측천무후의 남성 편력은 특별할 것도 없건만 그런 이유로 악녀라 손꼽는 게 마땅할까? 이 역시 기준을 어디에 두느냐에 따라 평가가 달라질 것이다.

　　마지막 악녀로 꼽히는 서태후는 청나라 말 함풍제 시기에 입궁하여 동치제와 광서제의 섭정을 한 후, 마지막 황제 푸이를 황위에 올려 놓고 생을 마감했다. 그야말로 청나라 말기 허수아비 황제를 3명이나 만들어 놓으니 요즘 말로 치면 국정 농단의 주범으로 볼 수 있다. 그녀를 주인공으로 한 소설들에서는 공통적으로 어린 서태후를 매우 영특하고 예쁜 소녀로 그린다. 그 예쁜 소녀는 어쩌다 악녀로 꼽히게 되었을까?

　　그녀가 정치 중앙으로 등장한 것은 아들 동치제의 섭정을 시작하면서부터였다. 당시는 태평천국의 난과 유럽 열강 및 일본의 침략이 있었던 난세였기에 어린 황제를 대신할 사람이 필요했다. 영특했던 서태후는 정권을 장악한 후 자기 의견을 따르는 사람들만 중용했다. 드라마 〈정보정〉에서도 서태후를 권력욕이 많은 인물로 그렸다. 하지만 서태후가 아니라 8명의 보정대신[14]이 섭정을 했고 동치제와 광서제가 오로지 자신의 힘으로 친정을 했다면, 청나라는 무탈했을까? 여러 가지를 고려해 보아도 아마 크게 다르진 않았을 것이다. 한두 사람의 힘으로 일으켜 세우기에 청나라는 이미 너무 많이 무너

14　　보정대신輔政大臣은 어린 황제를 보좌하는 직위를 가리킨다. 강희제도 어린 나위에 즉위해 오배 등 4명의 보정대신이 대신 국정을 운영했다.

져 있었다.

그렇다고 그녀에게 망국의 책임이 없는 걸까? 그건 아니다. 서태후는 요즘 말로 '낄낄빠빠'를 못 했다. 영민한 그녀가 필요했던 때가 있었고 빠져야 했던 때가 있었는데 욕심이 지나쳤다. 유럽에 물어 줄 배상금도 많은 터에 이화원을 복원하자고 해군기금을 탕진한 것이나, 한 끼에 128가지의 반찬을 뒀다는 이야기는 혀를 차게 한다. 유언으로 "이후 여인이 정치에 참여하지 못하게 하라."고 했다던데, 서태후가 할 말은 아닌 것 같다. 측천무후가 비석에 아무런 글도 새기지 말라는 것과 비교된다. 어떤 이는 서태후가 있었기에 기울어 가는 청나라가 그나마 중심을 잡을 수 있었다고도 하지만, 서태후에 대한 평가는 아직까지도 부정적인 쪽에 더 치우쳐 있다. 배우들도 서태후 역할을 꺼린다는 이야기까지 들릴 정도로 드라마의 세계에서도 비인기 캐릭터이다. 측천무후가 시대에 따라 새롭게 좋은 평가를 받는 인물이라면 서태후는 시간이 흐를수록 인기가 더 없어지는 것 같다. 어쩌면 현재 중국이 한당시대의 전성기를 롤모델로 삼고, 힘겨웠던 근현대사의 책임은 청나라에 묻고 싶어하기 때문은 아닐까?

달기의 경우 황제의 노리개라는 역할에 충실했을 뿐인데, 폭군을 변호하려는 이들이 폭군의 짐을 그녀에게 지운 것이니 악녀의 타이틀을 지워 줬으면 좋겠다. 측천무후에게는 명군의 평가가 새롭게 생겨났지만 여태후와 서태후에 대한 인식은 아직 크게 달라지지 않았다. 하지만 '악녀'라는 말은 있지만 '악남'이라는 말은 없으며, '요부妖婦'는 여자에게만 붙이는 수식어라는 점은 모욕적이다.

문득 나에 대한 후대의 평가는 어떨까 궁금해진다. 어머니와 딸이라는 자리를 자꾸만 벗어나려는 지금 내 모습은 간혹 가정에 소홀하다는 평가를 받기도 하지만 열심히 산다는 평가를 받기도 한다. 개인적으로는 사는 동안 남에게 피해 안 주고 자기 삶을 스스로 꾸려 간 사람이라는 평가를 받게 되면 좋겠다. 지금 쓰는 이 글도 그 평가의 근거가 되길 바란다.

중국적 세계관, 6개의 세계

중국 신화를 이해하기 위해 《산해경》을 읽어야 하나 진지하게 고민한 적이 있다. 하지만 우리나라 신화도 잘 모른다는 걸 핑계 삼아 생각을 접었다. 물론 이해할 자신도 없었다. 도서관에서 중국 신화에 대한 백과사전처럼 두꺼운 책을 보면 겁이 났다. 하지만 드라마를 재밌게 볼 정도만큼은 알고 싶었다. 각 지역에는 그들만의 신화가 있고 그 신화는 그 지역 이야기의 근원이 된다. 북유럽 신화를 알고 모르고의 차이가 〈토르〉나 〈원더우먼〉을 이해하는 깊이를 결정하는 것처럼 중국 드라마도 중국 신화를 알고 있으면 좀 더 재밌게 볼 수 있다. 특히 선협물이 그러하다. 나 역시 정식으로 중국의 신화를 공부한 것이 아니라 정확히 이해할 수는 없지만, 중드를 오래 시청하다 보니 깨우치는 바가 하나씩 늘어나고 있다. 드라마 하나 즐기자고 중국 신화까지 공부하는 건 쉬운 일이 아니니 그저 선협물을 보는 데에 마중물이 되도록 육계에 대해서만 안내해 보겠다.

선협물은 서양으로 치면 판타지물이라고 할 수 있는데, 서양 판타지물이 신화에 액션이 더해져 히어로물이 되듯 선협물도 신화나 전설에 무협이 더해진 장르이다. 선협물의 주인공은 죽어도 다시 살아나고, 인간 세계의 고난인 '겁'을 겪기 위해 일부러 몇 번씩 죽기도 한다. 무협 팬 중에는 이러한 요소에 거부감이 들어 선협물을 안 보는 이도 있지만 최근엔 선협물만 골라보는 이들도 있을 정도로 인기가 높은 장르이다. 나 역시 처음엔 선협물의 세계관이 허황되게만 느껴져 의도적으로 피했는데 좋은 작품들을 하나둘 접하다 보니 어느새 빠져 버렸다. 무협은 무협대로의 맛이 있고, 선협은 선협대로의 맛이 있다.

선협물은 육계를 배경으로 하는데, 육계란 인간계, 요계, 마계, 귀(명)계, 선계, 천계로 나뉜 세계를 일컫는다.[15] 처음엔

---

15   육계六界는 불교의 육도六道(천상·인간·아수라·축생·아귀·지옥) 사상과 도교의 삼계三界(욕계·색계·무색계), 그리고 민간 신앙의 천·지·인 사상이 혼합되어 현대 중국 선

뭔가 알 듯 말 듯 했고, 나중엔 알 것 같다가도 다시 애매하게 느껴졌다. 그렇다고 골치가 아파 드라마를 못 볼 정도는 아니고 어렴풋이만 알아도 충분히 즐길 수 있다. 개인적으로는 간단하게 인간계, 요마계, 신선계 3가지로만 구분하여 보기도 한다. 경험이 만들어 낸 해법이다. 그래도 나름 육계를 정리하면 선협물에 입문하는 시청자들에겐 도움이 될 것 같아 대표 작품들과 함께 간단히 정리해 보고자 한다. 알고 행하는 것과 모르고 행하는 것에는 분명 차이가 있을 테니 말이다.

우선, 신들이 사는 천계가 있다. 천계는 천군을 중심으로 위계질서를 갖춘 신들의 세계로 다른 말로는 '구중천'이라고도 부른다. 천군은 우리나라 신화로 치자면 옥황상제라 보면 되는데, 천군 아래에는 있는 신들 중 가장 높은 지위의 신들을 제군이라고 부른다. 〈삼생삼세 십리도화〉의 동화제군과 〈유리미인살〉의 백린제군이 그 예이다. 동화제군의 수하로 사명성군이라 불리는 신이 있었듯 천계 내에서 위계 질서는 엄격했다. 천군 아래 제군, 제군 아래 성군, 성군 아래…….

신들이 사는 하늘 바로 아래에 선계가 있는데, 그곳에는 선인들이 살고 있다. 〈화천골〉의 주인공인 백자화는 이 선인들의 우두머리인 상선으로, 각 상선들은 무협물의 문파처럼 제자를 거두며 파벌을 형성한다. 상선 백자화는 화천골을 제자로 맞아 수련을 시켰는데, 이런 그룹이 몇 개씩 되는 곳이 선계이다. 천계와 선계는 사는 인물도 다르고 하는 일도 다르지만 이런 것들을 아는 데에 고통이 따른다면 굳이 나눌 필요는 없다. 다 재밌자고 하는 거니까. 그래서 나는 이를 신선계라고 뭉뚱그려 부른다. 천군이나 상선이나 하늘에 있는 훌륭한 분들이 사는 세상이라고 말이다. 직관적으로는 흰옷에 황금빛 장식이 많으면 천계이고, 절제미가 있으면 선계로 보아도 크게 틀리지 않는다. 〈화천골〉의 백자화나 〈구주천공성 2〉의 설경공과 같이 미모가 절제되지 않는 신선이 등장할 때는 좀 헷갈릴 수도 있지만 말이다. 옷만 보자.

신선계의 반대 세력으로 요마계가 있다. 천계와 선계가 다르듯 요계와 마계도 다른 종족이다. 요계보다는 마계가 악에 더 가까우며, 요계는 요괴나 요정 그사이를 왔다 갔다 한다. 요마계 인물은 주로 나쁘고 못생기게 그려졌었는데, 최근엔 요마계의 인물이 주인공이 되는 경우가 늘고 있다. 악녀에 대한 평가와 마찬가지로 선악에 대한 평가도 달라졌기 때문이다. 특정 집단이 악한 것이 아니라 그 개개인에 따라 선할 수도 악할 수도 있다는 인식을 반영한다. 요즘 말로 케바케, 사바사인 셈이다. 가끔은 요계도 마계도 아닌 귀계가 나오기

협물의 세계관으로 정립된 것이다. 이러한 '혼합성'이 중국 문화의 큰 특징이다. [감수자 주]

도 하는데 다른 말로는 명계라고도 부른다. 〈진정령〉에서 귀장군으로 등장하는 온녕과 같은 중국형 좀비를 말한다. 귀계를 말하자니 어릴 적 본 강시가 궁금한데, 한참 전부터 고장극에서조차 강시를 본 적이 없다.

육계의 마지막이 바로 우리가 사는 인간계이다. 당연히 그 중심은 황제이다. 천계의 신들은 환생과 겁을 겪기 위해 인간계에 내려와 '체험, 삶의 현장!'을 몇 번씩 겪곤 하는데, 꼭 그때마다 목숨 걸고 사랑을 하니 인생의 고통 중에 사랑으로 인한 고통이 가장 큰 모양이다. 정겁은 신들의 필수 교육 과정이다. 정겁이 아니더라도 인간계의 삶은 원래 힘들다. 오죽하면 '존버'라는 말이 나왔겠는가! 그 힘든 세계에서 우리가 버티고 있는 것이니 모두 스스로를 칭찬하면 좋겠다. 한편으로는 인간계의 우두머리들도 어디 가서 '겁'과 같은 인생의 고통 체험을 필수 코스로 겪게 했으면 좋겠다.

중국적 세계관이 보여 주는 서사가 매력적이기도 하지만 선협물에는 무협물과는 스케일이 다른 무협신이 그 재미를 더한다. 정통 무협물에서는 무공의 기량에 따라 경공(공중을 걷거나 날아다니는 무공) 능력이 달라지는데, 선협물에서는 저마다의 도술을 이용하여 하늘을 날아다닌다. 마치 〈날아라 슈퍼보드〉의 손오공이 스케이트 보드를 타고 날아다니는 것처럼 말이다. 〈미션 임파서블〉을 무협이라고 한다면, 〈어벤져스〉는 선협물이랄까? 〈화천골〉에서 어검술(검을 타고 하늘을 날아다니는 무술) 장면을 보고는 어찌나 탐이 나던지, 마흔 살만 젊었어도 따라 했을 거다. 고백하자면 어릴 때 슈퍼맨 보고 담벼락에서 뛰어내린 애가 나다.

하지만 마흔 살이 어려지지 않아도 선협물을 보며 간절히 원하게 되는 것이 있으니 바로 법기이다. 법기란, 선협물에서 신선들이 사용하는 무기 등으로 무협물로 치면 협객들이 들고 다니는 검 같은 것이다. 검과 달리 법기는 평소에는 몸 안에 숨어 있다가 필요할 때 도력을 이용해 몸 밖으로 빼내어 활용할 수 있다. 너무 냉정한 시선으로 감상하면 허황되다고 비웃을 수 있으나 나는 텀블러나 에코백, 핸드카트를 법기로 두고 살고 싶을 정도로 법기에 매료되었다. 상상만 해도 너무 좋다. 어검술도 하고 법기로 핸드카트를 꺼내는 절대무공 절세미녀 신선이 장래 희망이랄까?

무협물은 대체로 복수를 내세우며 정의와 선악에 대한 질문을 던진다. 재미로 시작했지만 끝나고 보면 내 인생을 되돌아보게 되는 멋이 있다. 그런데 최근의 무협물이나 선협물이 로맨스물로만 기우는 것 같아 우려된다. 물론 모든 로맨스물이 걱정된다는 뜻은 아니다. 〈삼생삼세 십리도화〉, 〈화천골〉, 〈유리미인살〉 등은 만듦새도 뛰어나고 다 보고 나면 역시나 인간을 이해하는 데에 이른다. 하지만 최근 복장만 선협물인 드라마들이 쏟아지는 걸 보면 왠지 씁쓸하다. 다들 생각하고 싶어하지 않는 걸까? 아니면 생각하지 말라고 이러는 걸까? 이러면 곤란한데 싶어 정신이 번쩍 든다. 아무리 좋아하는 장르라고 해도 선택의 여지가 없는 현실은 원하지 않는다. 그래서 리모콘으로 작품을 고를 때 이런 류의 선협물이 너무 많이 보이면 일부러 고증이 잘된 역사 드라마를 더 찾아본다. 넋 놓고 코 베이진 않겠단 결의랄까? 드라마 두고 너무 비장하다고 비웃을지도 모르겠지만 장 자끄 상뻬가 그러지 않던가, '인생은 단순한 균형의 문제'라고! 육계 어디에 살든 잊지 말자, 균형 감각!

선협의 세계로 인도할 드라마

1993년에 처음 〈의천도룡기〉를 보고 양조위에게 홀딱 반했던 소녀는 이후 무협물을 사랑하게 되었다. 하지만 언제부터인가 CG가 난무한 무협물들이 등장해 이것은 무협인가 애니메이션인가 헷갈릴 정도로 불편했다. 하지만 요즘 중드의 CG는 영상미마저 느껴지는데 유독 선협물들이 더욱 아름답다. 덕분에 선협물의 인기도 많아져 중드에서 선협물이 차지하는 비중도 늘어났다. 그럼에도 불구하고 아직도 선협물에 대해 거부감이 있는 이들을 위해 몇 편의 선협물을 추천해 보고자 한다.

〈삼생삼세 십리도화〉(2017)

배경 천계와 인간계

회차 58부작

한 줄 요약 천계의 태자 야화와 구미호족 여제인 백천의 삼생에 걸친 사랑과 이별.

시청 포인트 주인공 커플 외에 동화제군과 구미호족 소녀 봉구의 러브스토리도 인기를 끌었다. 백천의 사랑은 '어른의 사랑', 봉구의 사랑은 '소녀의 사랑'이다. 동화제군과 사명성군의 코믹한 티키타카까지 보노라면 복잡한 중드의 세계관을 만나도 마음은 복잡하지 않다. 양양과 유역비(류이페이) 주연의 영화로도 만들어졌지만 이 세계가 두어 시간짜리 영화로는 충분히 표현되지 못한다. 선협의 세계를 제대로 맛보고 싶다면 영화보다는 드라마를 보자. 굳이 애쓰지 않아도 선협물에 대한 안개가 스윽 걷히는 것을 경험할 수 있다. 후속작으로 동화제군과 봉구의 이야기인 〈삼생삼세 침상서〉도 있으며 더 이어질 가능성도 높은 시리즈이다. 선협물의 교과서로 불릴만큼 육계가 두루두루 잘 드러난다. 다른 중드들과 달리 원작 소설이 단권이라 읽기 좋지만 소설보다 드라마가 단연 뛰어나다! 선협물의 교과서로 부를 만하다.

〈화천골〉(2015)

배경 선계와 마계

회차 50부작

한 줄 요약 재앙의 운명을 타고난 소녀 화천골과 스승 백자화가
운명을 거스르며 고군분투하는 인생과 사랑 이야기.

시청 포인트 애끓는 사랑이 보고 싶다면 무조건 추천한다. 백도자기같이 뽀얀 상선 백자화와 티 없이 밝은 소녀 화천골의 사랑은 고구마를 먹은 듯 갑갑하다는 평도 있지만, 나는 이를 절제미와 순수미라고 보았다. 더구나 비주얼로 완성한 두 주연 배우의 연기에는 안 빠질 재간이 없다. 두 사람의 운명을 지켜보는 내 마음은 조마조마했지만 그게 드라마를 보는 묘미가 아니겠는가. 고구마 구간에 동치미 한 스푼과 같은 신 스틸러 '살언니'의 등장은 무거운 드라마의 분위기를 한결 가볍게 만들어 준다. 원작 소설의 대사를 잘 살려 드라마를 보고 나면 수첩에 절절한 사랑의 명대사 몇 개는 적어 두게 될 것이다. 선협물을 대중화한 작품으로 거론된다.

〈유리미인살〉(2020)

배경	천계와 요마계
회차	59부작
한 줄 요약	천계와 마계의 전쟁이 끝난 천 년 후, 구생구세를 살며 선기에게 퍼붓는 우사봉의 헌신과 사랑.

시청 포인트 감정을 못 느끼는 여주인공 선기는 남주인공인 사봉에게 그게 사랑인 줄도 모르고 직진하고, 그 직진에 사봉은 당황하면서도 심쿵한다. 순수한 두 사람의 사랑은 내 안의 때를 다 씻겨 주는 듯 하다. "쓰봉~" 하고 선기가 사봉을 부르는 소리는 사람을 무장해제시킨다. 앞에 말한 〈삼생삼세 십리도화〉와 또 다른 인기작 〈향밀침침신여상〉과 더불어 3대 선협물로 꼽힌다. 삼생삼세로 선협의 세계가 이해가 안 된다면 구생구세로 다시 도전해 보라. 아홉 번쯤 이입하면 선협의 세계에 자동 몰입하게 될 것이다. 선과 악을 신분에 따라 규정할 수 있는가 하는 철학적인 질문도 던져 준다.

〈창란결〉(2022)

배경　천계와 마계(월계)

회차　36부작

한 줄 요약　천계의 선녀로 태어난 소란화와 월존 동방청장의
　　　　　숨겨진 운명 찾기.

시청 포인트　〈삼생삼세 십리도화〉의 영상미도 아름답기로는
빠지지 않지만 전반적으로 분홍 분홍한데 반해 〈창란결〉의 영
상은 골드 블랙 톤으로 우아하다. CG는 정교하며, 두 배우의
상반된 생활공간과 옷차림은 캐릭터를 돋보이게 한다. 영상
미로 치자면 지금껏 나온 드라마들 중에 단연 으뜸이다.

　입을 맞출 때마다 몸이 바뀐다는 황당한 설정이지만 두 사
람의 진지함에 웃기가 미안하다. 심지어 현재 삼계의 최강자
인 동방청장은 스스로를 '본좌'라고 부르는 캐릭터가 아니던
가! 고목같던 동방청장의 마음에 소란화가 피어나는 과정이
그래서 흥미롭다. 〈창란결〉은 앞서 말한 3대 선협물에 보태어
4대 선협물로 손꼽히기도 한다. OST도 인기가 많은데 배우들
이 직접 부른 곡도 있다.

〈장월신명〉 (2023)

배경　선계와 마계

회차　40부작

한 줄 요약　마신의 부활을 막으려는 려소소와 그녀에게 광기 어린
사랑을 하는 마신 담태신의 험난한 사랑.

시청 포인트　개인적으로는 이보다 멋있는 옴므파탈을 본 적이
없다. 마신 역할의 뤄윈시(라운희)는 이전까지 내 마음에 '병약
미 남주'로 저장되어 있었는데, 이 드라마를 통해 '으른미'라고
변경되었다. 발레 전공자답게 몸을 우아하게 사용하는 배우
이다. 마신이 되지 않기 위해 몸부림치는 담태신을 보면 한참
을 함께 울게 된다. 개인적으로는 여주인공 역할의 바이루(백
록)를 썩 좋아하는 편은 아니지만 캐릭터를 소화하는 능력만
큼은 인정해야 할 것 같다. 려소소(바이루)가 부르는 담태신의
이름이 아직도 귓전을 울린다.

2장

춘추오패 전국칠웅

〈대진제국지굴기〉

장르　　　역사물
시대　　　전국시대 후기(진소양왕)
출연　　　장보(장박), 닝징(녕정)
방송　　　시기 2017년
방송 회차　40부작

짧게 흑백으로 보여 주는 진무왕 영탕의 죽음, 극비로 진행되는 왕위 계승, 아직은 완전히 자리잡지 못한 전국시대 진나라의 존망이 달린 순간이다. 무왕의 죽음은 비밀에 부치고, 조나라에 볼모로 가 있는 새 왕을 재빠르게 모셔 오는 임무는 훗날 전쟁의 신이라 불리는 백기에게 맡겨진다. 아무것도 모르는 채 새 왕이 되는 영직과 마치 준비된 듯한 그의 어머니 미팔자(소양왕의 어머니는 미씨 성으로 후궁 중 팔자의 계급이라 미팔자라고 불렸다)의 모습이 대조적이다. 자객을 피해 귀국하는 과정은 첩보물을 보는 듯하다. 우여곡절 끝에 보위에 오르니 진소양왕秦昭襄王의 시대가 시작되었다. 하지만 관례도 올리지 않

은 어린 왕이 감당하기에 궁 안의 권력 다툼은 너무나 지독하
다. 진나라는 이제 미팔자, 즉 선태후의 손에 들어갔다. 〈대진
제국지굴기〉는 선태후가 다스리는 진소양왕 시대를 열며 시
작한다.

〈대진제국지굴기〉는 〈대진제국〉 시리즈 네 편 중 세 번째
작품이다. 제목에서 짐작할 수 있듯이 〈대진제국〉은 서쪽 변
방국이었던 진나라가 대진제국을 건설하는 과정을 보여 준
다. 시리즈의 첫 번째 작품은 〈대진제국지열변〉으로 2009년에
방영되었으며 진효공 시대를 51부에 걸쳐 보여 준다. 진효공
은 상앙을 등용하여 진나라에 변법을 자리잡게 한 왕으로, 이
때부터 진나라는 전국시대의 선두주자가 된다. 두 번째 작품
인 〈대진제국지종횡〉은 2012년에 방송되었는데 마찬가지로
51부작이었으며 다음 왕인 진혜문왕 시대를 다뤘다. 진혜문
왕은 태자 시절에 상앙의 변법에 호되게 당해 앙심을 품고 상
앙을 내쳤으나 그의 변법만큼은 유지했다. 이제 변법은 진나
라의 정체성과 다름없었다. 장의를 승상으로 삼아 각 나라와
이해관계를 맺는 과정들이 시청 포인트이다.

2017년에 방송한 세 번째 작품인 〈대진제국지굴기〉는
40부작으로 다른 작품에 비해 분량이 적지만 실제 기간으로
보자면 가장 긴 시간을 다루고 있다. 그 시간들을 40부 안에
다 넣었으니 드라마의 진행이 엄청 빠른 셈이다. 더구나 '전쟁

의 신'이라 불리던 백기가 있어 전투 장면에도 공을 많이 들여 몰입이 잘된다는 평가를 받는다.

네 작품 중 〈대진제국지굴기〉를 선택한 것은 시청 부담이 적다는 점도 작용했지만 그보다는 진소양왕[1] 50여 년 동안 진나라가 한 모든 일들이 향후 진나라가 전국시대를 통일하게 만들었다고 생각하기 때문이다. 진나라는 전국시대에 이르러 진효공 때 상앙의 변법을 시행하고, 혜문왕 때 장의의 연횡책을 받아들여 소양왕 때에 진나라는 전국칠웅 중 으뜸이 되었다. 그러한 진소양왕에 대항하는 6국의 안간힘을 〈대진제국지굴기〉에서 볼 수 있다. 6국의 안간힘은 모두 역부족이었으며, 진나라는 그들이 더 이상 '감히 넘볼 수 없는' 나라가 되었다.

〈대진제국〉 시리즈 전체가 연기와 고증에 공을 많이 들였다. 춘추시대를 배경으로 한 다른 드라마 〈중이전기〉가 복장부터 엉망인 데에 반해 〈대진제국〉 시리즈는 공부하며 알게 된 의복과 관직명은 물론, 역사서에 기록된 말과 글 들까지 대사에 자연스럽게 녹여 냈다. 선태후의 가장 유명한 19금 발언[2]을 닝징이 재현하는 장면이 대표적이다. 전투 장면에서도 실

---

1   진소양왕은 기원전 306년부터 251년까지 55년간 재위하여 전국시대 군주 중 가장 오래 통치했으며, 이 기간 동안 진나라의 패업이 완성되었다. [감수자 주]

2   《전국책》에 나오는 이야기이다. "예전에 선왕과 함께 잠자리를 했을 때, 왕이 허벅지를 내 몸 위에 얹었는데 너무 무거워서 견딜 수가 없었소. 그런데 온몸 전체로

제 병기와 전술을 참고하여 제작했다고 하니 재미와 배움을 모두 충족하는 드라마이다. 게다가 소양왕, 선태후, 백기, 범수 등 대단한 인물들을 장보, 닝징, 형가동(싱자둥) 등 쟁쟁한 배우들이 연기하니 야구로 치면 꽉 찬 공을 던지는 투수 같다. 그러니 시청자는 속수무책 삼진 아웃이다!

〈대진제국지굴기〉 1, 2회에는 〈대진제국지종횡〉의 끝부분인 진무왕의 죽음과 진소양왕의 등극을 빠른 속도로 보여 주고 3화부터 본격적으로 소양왕 치세를 보여 준다. 물론 그 절반 이상은 선태후 치세이다. 선태후가 자신의 형제들을 죽이고 뜻이 다른 자들을 숙청하는 현실에서 소양왕이 할 수 있는 것은 소심한 반항뿐이다. 다행히 선태후와 외숙인 승상 위염이 능력은 뛰어나 진나라의 기틀을 튼튼히 닦아 놓았다. 선태후는 〈미월전〉의 미월이자, 중국 최초의 태후이며, 진나라 통일 전 중흥을 이끈 핵심 인물로 후대의 평가가 나쁘지 않다. 다만, 장성한 왕에게 친정을 할 기회를 미루는 게 문제이다. 소양왕이 장수하였기 망정이지 친정 한 번 못하고 죽을 뻔했다. 친정에 성공한 소양왕은 진나라를 전국시대 최강자로 만

나를 덮었을 때는 전혀 무겁지 않았소. 왜 그런 줄 아는가? 그 자세가 나에게 편했기 때문이지. 지금 한韓 하나를 위해 천금이나 쓰는데, 그게 진나라에 무슨 이익이 되는가?" 외국 사신에게 갓 태후가 된 여인이 이런 말을 한 점이 놀랍다. 〈대진제국지굴기〉에서는 이 말이 외교적인 발언이었음을 강조한다.

들었다. 아무렴 콩 심은 데 콩 나고 팥 심은 데 팥 나지, 선태후의 아들이 어째 맹탕이겠는가?

소양왕의 업적은 범수가 망명해 오면서부터 타올랐다. 범수는 본디 위나라 사람이었는데 모함을 받아 진나라로 넘어와 재상의 자리에까지 올랐으며, 응應 지역의 후작으로 봉해져 응후應侯라고도 불렸다. 〈대진제국지굴기〉에는 범수가 진나라로 넘어오는 과정이 자세하게 그려진다. 이때 위나라와 진나라의 관계를 위나라 측면에서 알아 보고자 한다면 드라마 〈호부전기〉를 보는 것도 좋겠다. 아무튼 이때 범수와 소양왕은 원교근공책을 펼쳐 멀리 있는 제, 초나라와는 교류하고 가까이에 있는 조, 한, 위와는 다투었다. 그 최대 결과물이 '전쟁의 신' 혹은 '전쟁 백정'이라고 불리는 백기 장군이 활약한 '장평전투³'라 하겠다. 〈대진제국지굴기〉에는 백기가 장평전투에서 조나라 40만 군을 매장하는 장면에서 인물들의 감정들이 매우 섬세하게 그려진다. 백기의 감정에 너무 몰입하다가 하마터면 나 역시 백기 장군을 미화할 뻔했을 정도이다.

〈대진제국지굴기〉는 40부라는 짧은 회차 안에 전작의 리

---

3   기원전 262년~260년 사이의 진나라와 조나라와의 전투로, 항복한 조나라 병사 40만 명을 백기白起가 생매장한 것은 정사正史 기록인 《사기》에도 명확히 나와 있는 끔찍한 전쟁 범죄다. 드라마가 백기의 고뇌를 그리더라도, 이 사건의 비인도성에 대해서는 우리가 꼭 생각해 봐야 한다. [감수자 주]

뷰부터, 선태후의 섭정, 선태후와 소양왕의 힘겨루기, 범수의 망명, 장평전투까지 전국시대 후반기의 굵직한 사건들이 꾹꾹 담겨 있다. 진소양왕은 전국시대 최강자가 될 수는 있었으나 생전에 6국을 멸망시키지는 못했다. 장수한 소양왕과 달리 아들과 손자는 합쳐 봐야 3년 정도밖에 왕위에 있지 못해 6국을 멸하고 통일에 성공한 이는 증손자 영정, 즉 진시황제였다. 그 이야기가 궁금한 사람은 〈대진부〉를 이어 보기 바란다.

누가 살아남는가? 춘추오패!

몇 해 전 겨울, 친구들과 우정 20주년 기념 여행으로 대만을 다녀왔다. 나흘 내내 비가 내려 현지인도 기이하다고 하던 해였다. 공항에서 내려 택시를 타고 숙소보다 먼저 대만 국립고궁박물관에 들렀다. 원 없이 '유물멍'을 했다. 그러다 'Spring and Autumn'이라 쓰인 팻말을 보았다. 어떤 전시품이었는지 전혀 기억이 나지 않을 정도로 이 말의 아름다움에만 빠져 한참을 입에서 굴려 보았다. '봄과 가을'이라니 정말 낭만적인 이름이다. 그때부터 춘추전국시대가 궁금해졌다. 유명하다던 옥배추도, 중국미술사의 수작이라는 모공정도 'Spring and Autumn'이라는 말에 비하자면 전혀 귀하게 느껴지지 않았다.

주나라가 힘이 약해져 도읍지를 낙양으로 옮긴 이후의 동주 시기를 다른 말로 춘추전국시대라고 하는데 그중 전반부가 '춘추시대', 즉 'Spring and Autumn'이다. 이 이름은 훗날 공자가 쓴 《춘추》[4] 때문에 붙은 거라고 한다. 이렇게 예쁜 이름이 붙은 춘추시대를 알아 보자.

주나라가 동쪽으로 쫓겨날 정도로 힘이 약해졌지만 그래도 춘추시대는 제후국들이 주나라에 대해 명분으로나마 예를 갖춘 시기였다. 조금이나마 낭만이 남아있었다고 할까? 하지만 점점 제후들의 힘이 강해지면서 주나라는 유명무실해졌다. 패권은 주나라 왕에게서 제후국들에게 돌아가게 되었고, 그중 춘추시대를 주름잡은 다섯 제후를 일컬어 '춘추오패'라고 한다.

춘추오패는 일반적으로 제환공, 진晉문공, 초장왕, 오왕 합려, 월왕 구천을 꼽는다.[5] 11권짜리 《춘추전국이야기》에서 춘추시대 여러 제후가 돌아가며 패권을 잡는 이야기가 나올 때마다 어찌나 흥미롭게 읽었던지, 이 시대의 드라마를 찾아

---

4   고대 기록에서 '1년'이나 '세월'을 나타내는 말로 흔히 사용되었으며, 공자의 사서 《춘추》가 시대를 대표하게 된 것이다. [감수자 주]

5   춘추오패의 명단은 사료에 따라 다르게 제시된다.(예: 어떤 학자는 진목공, 송양공 등을 포함). 이 명단의 가변성을 생각하며 읽는다면 역사적 정의에 대한 비판적 시각을 가질 수 있을 것이다. [감수자 주]

보게 되었다. 그런데 이상하게 드라마는 마지막 패자인 월왕 구천에 대한 작품에만 몰려있었다. 그러니 2019년 두 번째 패자 진문공에 대한 드라마 〈중이전기〉가 방영되었을 때 얼마나 반가웠는지 모른다. 비록 의상 고증은 엉망이라 아쉬웠지만 아직까지도 이 드라마만큼 춘추시대 전기 각국의 모습을 살펴보기에 좋은 드라마는 찾지 못했으니 그저 고마울 따름이다. 중이공자에 대한 이야기는 잠시 미뤄 두고 춘추오패를 차례대로 만나 보자.

첫 번째 패자는 제환공이었다. 제나라로 말하자면 주 무왕이 강자아에게 분봉한 중원 동쪽의 땅이며, 제환공 시대에는 위대한 정치가 관중이 있었다. 맞다, '관포지교'의 그 관중이다. 관중은 제환공을 도와 주나라 왕실에 대한 존왕양이를 내세워 제나라가 회맹을 주도하도록 만들었다. 이는 명분과 실리 모두를 놓치지 않는 경영법이라 현재까지도 관중은 경영인들의 롤모델이 된다. 제환공은 관중의 개혁을 지지하며 사농공상을 분업화하고, 행정과 군제를 체계화하는 등 백성들의 삶에 실질적으로 도움을 주었다. 하지만 관중이 죽자 제환공의 개혁 의지도 함께 죽어 버렸는지 이후 제나라는 패권을 빼앗기고 만다. 제환공이 첫 번째 패자에 이름을 올린 것은 순전히 관중 덕분인 모양이다.

다음의 패자가 바로 〈중이전기〉의 주인공인 진晉나라 문

공이다. 제환공과 마찬가지로 진문공도 어렵게 제후가 되었
다. 아버지 진헌공이 총애했던 여희의 계략 때문에 19년간 주
변국들을 방랑하다 우여곡절 끝에 고국에 돌아와 제후의 자
리에 올랐다. 여기저기 떠돌던 거지왕이 진짜 왕이 된 셈이다.
62세라는 늦은 나이에 즉위했지만 오랜 방랑과 고통은 지혜
가 되어 그를 명군으로 만들었다. 대기만성형 인물 목록에 꼭
들어가야 할 사람이다. 재위 기간은 비록 10년밖에 되지 않았
지만, 당시로선 드물게 중앙 집권 국가의 기틀을 마련하였고,
남방의 신흥국인 초나라를 무찔렀다. 사후에 문文공이라 칭해
지니 지혜로움을 인정받은 셈이다. 하지만 안타깝게도 뒤를
이은 진혜공은 이러한 자질을 물려받지 못했고, 도리어 중앙
집권 국가는 훗날 진秦나라에서 완성했다. 조금씩 분열되기
시작하더니 결국은 조, 한, 위 세 나라로 쪼개지며 그 이름은
역사 속으로 사라진다.

　　세 번째 패자는 초나라에서 등장했다. 초나라는 당시 '남
방의 오랑캐'라 불렸는데, 제후에 봉해질 때의 지위도 다른 제
후들에 비해 낮은 자작 신분이었다. 하지만 남들이 중원에서
다툴 때 야금야금 남방을 정복해 제환공도 초나라를 견제할
정도가 되었다. 초성왕 때 진문공에게 참패하며 진문공이 두
번째 패자가 되는 재물이 되었지만 초장왕 때 진나라를 크게
이기며 초장왕은 세 번째 패자가 되었다. 당시 칭왕은 주나라

만 할 수 있었는데 초나라는 이미 스스로를 왕이라 칭했다. 존왕양이의 개념에서 초나라는 내쫓아야 할 오랑캐의 입장이었으니 존왕할 의무가 없었다. 흔히 진秦은 서쪽 오랑캐요, 초는 남쪽 오랑캐라 불렀는데 서쪽 오랑캐는 야금야금 힘을 쌓는 중이고, 남쪽 오랑캐는 패자에 이름을 올렸다. 주나라의 입지가 위태롭다. 초장왕은 간신을 판별하기 위해 3년간 무능한 척 연기했다는 일화로 유명하다. 그 말이 진짜인지 야담인지 모르지만 초장왕의 전략적인 면모를 잘 보여 주는 이야기이다. 그러한 전략과 호전적인 성격으로 당시 가장 넓은 영토를 가졌다.

네 번째 패자와 다섯 번째 패자는 오왕 합려와 월왕 구천이다. 합려 이전에 오나라는 초나라의 영향력 아래에 있는 미약한 나라였다. 그러다 초나라에서 망명한 오자서와 《손자병법》의 손무를 오왕 합려가 기용하면서 부국강병을 이루었고, 마침내 초나라 수도를 함락시켰다. 오자서의 사적 복수로도 볼 수 있다. 이렇게 잘나갔지만 월왕 구천에게 패해 죽음을 맞이했고 그 뒤를 아들 부차가 이었다. 오왕 부차에게 손무는 없었지만 오자서는 여전히 충성을 다했다. 부차는 땔감 나무 위에서 자며(와신臥身) 아버지의 복수를 다짐했다. 결국 월나라를 무너뜨리고 월왕 구천 부부를 인질로 잡아 복수에 성공했다. 세상을 얻은 부차의 자만심은 서시의 미인계에 속아가면서도 속는 줄을 몰랐다. 오자서의 충언은 의심하고, 간신 백비의 달콤한 말에만 귀를 열었다. 결국 월왕 구천을 풀어 주고 만다.

포로로 잡혀가 오왕 부차의 똥까지 맛보며 복수를 다짐한 구천은, 월나라로 돌아온 뒤 쓸개를 핥으며(상담嘗膽) 준비해 결국 오나라를 무너뜨렸다. 거의 오나라를 도륙하다시피 했는데, 좀 과한 복수가 아닌가 하는 생각이 든다. 요즘 학교에서 사소한 일에도 무릎 꿇고 사과하길 바라는 아이들의 모습과 오버랩 되었다. 뭐든 과하면 좋지 않다. 그래서 내 눈엔 부차와 구천의 와신상담臥薪嘗膽이 전혀 대단해 보이지 않는다. 특히 〈서시비사〉에서 여자를 이용하고 은혜도 저버리는 월왕 구천의 모습은 전혀 영웅답지 않다. 냉혹하다는 말로는 욕이 부족하다. 많은 드라마에서 그를 영웅으로 그리는 점이 못마땅했다. 인간성이란 로봇다움과 짐승다움 그사이에 있겠지만, 로봇다움보다는 짐승다움이 아직은 더 끌린다. 그러하기에 〈서시비사〉를 보면서는 오왕 부차 쪽에 더 마음이 쓰였다.

춘추시대는 월왕 구천을 마지막으로 저물어 가고 있다. 부자가 망해도 삼대는 간다는데, 오나라와 월나라는 그렇지 못했다. 초나라라는 신흥 재벌이 있었기 때문이다. 월나라가 초나라에 망하며 오나라와 월나라는 모두 역사 속으로 사라졌다. 한편 북방에서는 거대한 변화가 일어나고 있었다. 진晉나라가 한韓, 위魏, 조趙 세 나라로 쪼개지며 전국시대가 열린 것이다. 춘추시대에는 적어도 낭만이 배경 음악처럼 깔려 있었는데, 이젠 차포 다 떼고 오로지 싸움으로 우위를 가리는 장군 멍군의 시대가 시작되었다. 오죽하면 이름도 전국시대戰國時代이겠는가? 춘추시대를 더 누리고 싶었는데 춘추오패에 대한 드라마가 많지 않다. 춘추시대를 엿볼 수 있는 드라마로 〈중이전기〉, 〈손자대전〉, 〈서시비사〉, 〈미월전〉 등이 있다.

누가 살아남는가? 전국칠웅!

춘추오패가 1세대 아이돌이라면 전국칠웅은 2세대 아이돌이다. '춘추'라는 이름이 공자의 책에서 왔듯 '전국'이라는 이름도 한나라 학자 유향이 쓴 《전국책》에서 따온 말이다. 일반적으로는 진晉나라가 조, 한, 위 세 나라로 분열되며 전국시대가 시작한다고 말한다. 전국시대엔 너도 나도 왕이라 불러 주나라의 왕은 바지 사장이나 마찬가지였다. 일곱 나라가 돌아가며 패권을 가졌는데, 이를 전국칠웅이라 부르며 그 마지막 영웅이 통일 국가 진秦이다. 몇 년 전 전국칠웅에 대한 다큐 드라마가 방영되었는데, 반응이 좋았는지 다음 해에 시즌2도 나왔다. 시즌 1인 〈풍운전국-전국칠웅쟁패사〉의 각 회차는 일곱

나라들의 역사를, 〈풍운전국 2〉는 각국의 인물열전을 보여 준다. 전국시대를 짧게 알아 보기 위해서라면 이 다큐드라마도 좋다. 연기자들 역시 그간 드라마에서 자주 본 유명 배우들이라 우리나라 재연 드라마보다 퀄리티가 높다. 다만 일반적으로 알려진 것과 조금 관점이 다른 경우도 있으니 전국시대를 한 번 훑어보는 목적으로만 보자. 공교롭게도 두 드라마 모두 연나라로 시작한다.

연나라는 대체로 중원의 삶과는 동떨어져 있어 춘추시대에는 거의 이름이 등장하지도 않았다. 주나라가 세워질 때 주무왕은 동생 소공에게 연 땅을 주며 제후로 삼았으니 혈통 면에서는 주나라 왕실과 가장 가깝다고 할 수 있다. 〈풍운전국〉은 그런 혈통의 고귀함을 내세우며 연나라 편을 시작한다. 혈통 부심이 있었던 연나라에 돌연변이가 등장하니 바로 연왕 쾌이다. 혈통이고 세습이고 다 필요없고 재상에게 덥석 왕위를 물려 주고 자기는 자연인으로 돌아갔다. 예고 없는 개혁은 내부 반발이 있게 마련이고, 내부 반발로 정신없을 땐 외부의 공격이 들어오기 쉽다. 그렇게 연나라는 안팎으로 무너져 갔다. 이때 제나라에 멸망 직전까지 갔으나 연소왕이 책사 소대와 명장 악의를 중용하여 제나라에 복수했다. 복수는 성공하는 듯 했지만 내부의 문제로 악의가 퇴출되고 다시 제나라가 일어섰다. 결국은 연나라가 먼저 망하니 연나라의 전성기는 소진과 소대, 악의가 춤춘 일장춘몽이었나 보다. 전국시대엔 혈통 따윈 별 의미가 없다.

또 다른 희성 제후국인 진晉나라에도 위기가 왔다. 진문공 이후 군주의 힘이 약해지고 유력 가문들이 힘을 기르더니 결국 조, 한, 위 세 나라로 분화되었다. 그중 조나라의 이야기는 원나라의 잡극[6] 〈조씨 고아〉로도 전해진다. 조나라는 한, 위와 달리 희성은 아니었다. 무령왕 때 이르러 흉노에 몇 번 승리하며 힘을 키웠다. 무령왕은 말타기에 편한 유목민의 복장인 호복을 착용하고 기마병을 키우는 등 강병을 위해 노력하였다. 진과 제나라 사이에 끼어 있었으니 전쟁에 항시 대비해야 했을 것이다. 어쩌면 수많은 전투를 통해 스스로 강해졌는지도 모르겠다. 전성기 땐 염파와 이목 등 뛰어난 장수와 인상여, 조승 등의 인재가 많았다. 하지만 왕도, 장군도, 인재도 진나라에 조금씩 다 밀렸다. 결국은 장평전투에서 40만 대군이 매장당하는 굴욕을 당하며 조나라는 몰락의 길을 걷는다.

같은 나라에서 나왔지만 한나라는 조나라와 분위기가 달랐다. 중원에 위치했지만 영토가 작았고, 전국칠웅 중 최약체였다. 신불해와 한비자라는 법가 사상가가 있었으나 변법[7]을

---

6   잡극은 원나라를 대표하는 문학 장르로, 다른 말로는 원곡이라고도 부른다. 노래를 부르며 극을 전개하는 형식으로 서양의 오페라와 비슷하다.
7   변법은 구체제를 새 체제로 바꾸는 것으로 요즘 말로 개혁이다. 진나라 상앙의

이어 가지 못했고, 한비자는 진시황의 초대를 받고 진나라에 갔다가 그를 견제한 이사의 계략으로 죽고 만다. 한비자 덕 좀 보려고 했는데 무산된 셈이다. 진나라에 스파이로 보낸 수리 공사 전문가 역시 진시황에게 들켜 결과적으론 진나라를 위해 일하니 남 좋은 일만 시킨 셈이다. 그나마 전국칠웅에 이름을 올릴 수 있었던 것은 삼진三晉 중 하나였기 때문이지 않을까? 사상도 기술도 좋았으나 지키지 못하고 모두 다른 나라에 뺏겨 버렸다. 결국 진나라에 가장 먼저 멸망하게 된다.

위나라는 한나라와 조나라의 중간 성격을 띠는데, 전성기는 전국칠웅 중 가장 빨랐다. 칭왕도 하기 전인 위문후 시절이다. 장자의 책에서 이름을 자주 본 혜시가 바로 위문후 때의 재상이다. 위문후는 전국칠웅 중 가장 먼저 변법을 실시한 군주로, 오기가 위나라에서 변법을 실시할 당시 위나라의 국력은 타국에 우세했다. 다만, 오기는 초나라로 망명하고 위앙은 진나라로 가니 역시나 인재를 지키지 못해 결국 쇠퇴의 길을 걷는다. 원조 변법국이었는데 위문후 이후 그걸 받쳐 줄 왕이 없었다. 그래도 위문후, 위무후, 위혜문왕까지는 그럭저럭 전성기를 이어 나갔지만 조나라와 진나라의 승승장구에 밀렸다.

변법과 송나라 왕안석의 변법, 청나라의 무술변법(변법 자강 운동)이 대표적이다. 우리나라로 치면 갑오개혁을 들 수 있다.

춘추시대에 이어 전국시대에도 제나라와 초나라는 건재했다. 그중 제나라는 전국시대에 이르러 외부 세력이었던 전씨가 왕위를 찬탈하여 강제시대가 끝나고 전제시대로 변한 터였다. 그래서 전국사공자 중 한 사람인 맹상군도 전씨요, 연나라에 제나라 땅 70개 성을 되찾아 온 장수 전단도 전씨였다. 제위왕 때에는 손무의 후손인 손빈을 등용해 위나라를 격파하였으며, 순우곤과 순자 등 이름 높은 학자들도 많았다. 그러나 이후 제민왕에 이르러서는 능력도 없으면서 허세만 있어 진소양왕과 나란히 동제, 서제라고 잠시 칭하기까지 했다. 이때 소대와 악의에게 된통 당해 제나라가 망할 뻔까지 하였으나 전단 덕분에 살아남아 춘추시대를 포함하면 가장 오래 패권을 유지한 나라였다.

초나라는 춘추시대 초장왕 때 가장 넓은 영토를 장악했으나 대부분은 남쪽 지역이었다. 위나라에서 넘어온 오기를 등용하여 변법을 시행해 월나라를 무찌르며 남방 지역의 최강자가 되었다. 하지만 문제는 초회왕이었다. 30년이나 재위한 초회왕은 진秦나라의 재상인 장의의 거짓말에 속아 무능력을 드러냈다. 〈대진제국지굴기〉에서 말년에 진나라에 억류당하는 초라한 모습을 볼 수 있다. 백기와 왕전이 이끄는 진나라 군에 크게 패한 이후부터 초나라는 점진적으로 소멸한다. 이 소멸의 과정에서 항우의 할아버지 항연이 죽었고, 그 뜻을 지키고자 항우는 훗날 스스로 초왕이 된다. 이렇게 전국시대의 여섯 나라는 한, 조, 위, 초, 연, 제 순으로 진나라에게 차례차례 멸망하고, 진나라는 중국 최초로 통일 국가를 완성했다. 비록 그 통일은 3대에도 미처 이어지지 못했지만 그 넓은 땅덩이와 다양한 민족이 하나의 나라가 된다는 것 자체가 애초에 불가능한 일이니 이는 비난하지 않으련다. 다음 시험에 10점을 맞아도 일단 한 번 100점 맞았다는 것도 대단한 일이다.

합종 VS 연횡

진나라가 100점을 맞은 것은 진나라의 연횡은 성공했고, 6국의 합종은 실패했기 때문이다. 그런데 합종과 연횡이라는 용어는 볼 때마다 헷갈린다. 이럴 땐 뜯어서 풀어 보는 게 제일 좋다. 종縱은 세로를 뜻하고 횡橫은 가로를 뜻하니, 합종은 세로로 힘을 합하고 연횡은 가로로 힘을 합하자는 뜻이 된다. 그런데 도대체 정치의 세계에서 가로는 뭐고 세로는 무엇이란 말이냐. 이럴 땐 전국시대 지도를 보면 좀 답이 나온다. 진나라는 천국칠웅 중에 가장 서쪽에 있어 한때 서쪽 오랑캐라고 불렸던 나라이다. 그러니까 합종의 의도는 동쪽에 세로로 있는 제, 연, 조, 한, 위, 초 여섯 나라가 힘을 합쳐서 서쪽의 진을

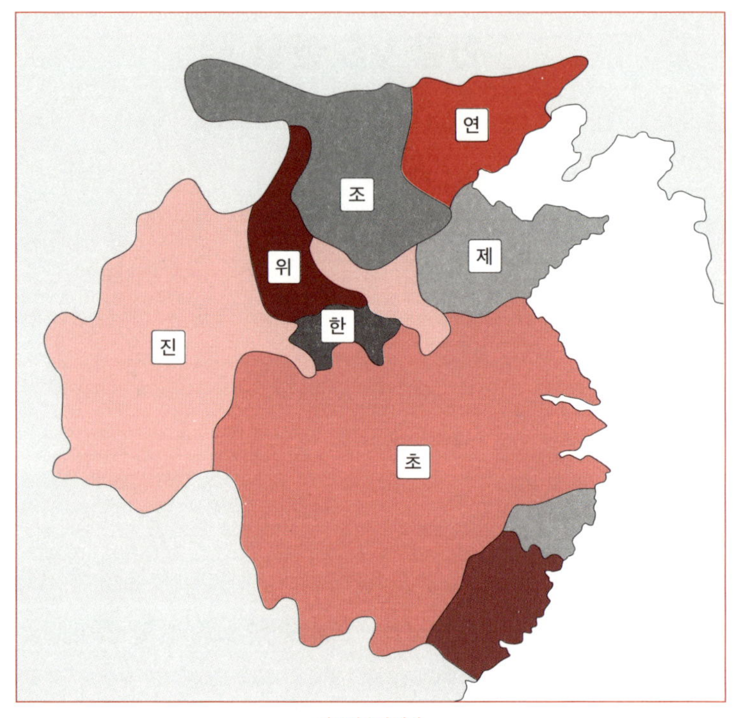

전국칠웅의 위치

물리치자는 것이다. 당연히 진나라는 이를 반대한다. 그리하여 진나라는 합종을 깨기 위해 진나라와 가로축에 있는 여섯 나라들과 하나씩 따로 연맹을 맺고자 했다. 이것이 연횡이다. 이러한 합종연횡에 뜻을 같이하는 사상가를 종횡가라고 부르며, 대표적으로 소진과 장의가 있다.

소진과 장의는 귀곡자라는 스승에게서 함께 배웠다고 전

해진다.[8] 공부를 마치고 소진이 먼저 당시 최강자인 진나라를 찾아가 면접을 보았지만 진나라는 소진을 채용하지 않았다. 진나라를 맨 처음으로 갔던 걸 보면 이때부터 합종을 구상한 것은 아닌 모양이다. 소진의 합종책은 진나라에 채용되지 못해 자존심이 다친 데에서 출발한 건 아닐까? 이후 6국을 돌아다니며 6국이 힘을 합쳐 진나라를 막자는 합종책을 제안했다고 하니 더욱 의심스럽다. 이렇게 소진이 차례차례 6국의 재상이 되는 동안 장의는 초나라에서 도둑으로 몰리는 등 곤란을 겪고 있었다. 이에 소진은 전략적으로 장의를 진나라에 중용되도록 돕고 마침내 장의는 진나라의 재상이 된다. 뒤늦게 소진의 도움을 알게 된 장의는 소진이 합종책을 완성하는 동안은 6국을 공격하지 않았다고 한다. 하지만 속으로는 이 합종을 깰 연횡책을 생각해 두었을 것이다.

소진은 초회왕을 마지막으로 드디어 6국의 합종을 이루어 냈다. 합종은 성공한 듯 했지만, 어제의 동지가 오늘의 적이 되는 전국시대에 15년이면 합종이 오래 간 셈이다. 드디어 장의가 연횡책을 펼칠 차례가 왔다. 장의의 말재간에 위나라는 이탈했고 초나라는 농락당했다. 결국 어제의 동지는 오늘

---

8   단, 이 이야기는 소설적 구성이나 민간 전승에 가깝다. 실제 역사 기록에서는 두 사람이 동시대에 활약했으나 귀곡자와 사제 관계였는지에 대한 확실한 고증은 어렵다. [감수자 주]

의 적이 되었다. 내분을 겪는 아이돌들이 마지막 콘서트를 하듯 마지막까지 합종국이라는 이름으로 진나라와 겨뤘지만 전쟁은 하나마나 진나라의 승리였다. 속으로 딴생각을 하는 참이었으니 더 이상은 합종이 큰 의미가 없다. 진나라가 던져 주는 눈앞의 이익은 명확했다. 실리는 가깝고 명분은 멀다. 심지어 초회왕은 600리 땅을 떼 준다는 허황된 거짓말에도 당해 말년까지 우스운 꼴이 나지 않았던가? 합종은 이제 끝났다.

합종과 연횡이 같이 거론되고, 연횡이 합종에서 비롯된 전략이지만 둘은 성격이 많이 다르다. 합종을 이루기 위해선 동기 부여가 중요한데, 동기 부여는 이상과 도덕으로는 잘 생기지 않는다. 진나라가 뭘 하나 준다며 합종에서 빠지라고 하면 합종의 동기는 힘을 잃게 된다. "진나라 개 알고 보니 괜찮아. 나한테 잘해 주던데?"이러면서 말이다. 그래서 초회왕이 넘어간 것이다. 다시 말해 합종은 이상에 가깝고, 연횡은 현실에 가깝다. 그래서 장의의 수단이 소진의 수단보다 더 비열해 보이고, 소진의 됨됨이가 장의의 됨됨이보다는 더 도덕적으로 보인다. 이번에는 연횡책이 성공했다. 그렇다고 합종책은 사라진 것이냐? 그건 아니다. 소진과 장의에서 시작했지만 이때 만들어진 합종과 연횡은 이후에도 수시로 등장하고 사라진다. 이때 종횡가가 가장 두드러진 활약을 했을 뿐, 지금도 어디선가 활약을 하고 있을 것이다.

이때의 실패로 소진의 역할도 끝이 났다. 한때 6국의 재상을 두루 지낸 소진이었지만 장의의 연횡책이 성공하자 비난은 오롯이 소진의 몫이 되었다. 여러 설이 있지만 대체로 죽음이 원만하지 않았다고 전해진다. 소진의 동생 소대 역시 책사였는데 제나라에 망하기 직전, 연나라 소왕에게 중용되었다. 연나라를 구하고자 소대는 연소왕과 짜고 제나라에 재상으로 들어갔다. 스파이였다. 제민왕의 신뢰를 얻고 난 후 거짓 정보로 제민왕을 속여 악의 장군이 제나라의 성을 모두 빼앗게 만들었다. 다큐 드라마 〈풍운전국〉에서는 제민왕을 속인 것이 소진으로 나오고 일부 이야기에서도 소진의 활약으로 표현되지만, 《사기》나 《전국책》 등에 미루어 볼 때에는 소진이 활약한 시기와는 맞지 않는다. 소진의 활약 시기에 대해서는 명확하게 단정짓기 어렵다.[9]

반면, 장의는 진혜문왕이 죽고 무왕이 즉위하자 위나라로 떠났다. 합종이 무산되니 연횡도 굳이 필요하지 않았으며 이제 진나라는 명실상부한 일인자였다. 진무왕이 솥단지를 들다 급사한 후 진소양왕이 즉위했고, 장의의 빈자리는 범수

---

9   《사기史記》나 《전국책戰國策》과 같은 역사서의 기록에 미루어 볼 때, 소진이 제민왕齊湣王을 속여 악의樂毅 장군이 제나라의 성을 빼앗도록 만든 사건이 발생한 시점과 소진이 활약했던 시기가 맞지 않다. 악의가 활동한 시기는 제민왕 시기로, 이 시점은 소진이 활동한 시기보다 후대로 볼 수 있다. [감수자 주]

가 채웠다. 이번엔 '원교근공책'이었다. 멀리 있는 초나라와는 잘 지내고 가까이 있는 조, 한, 위를 공격하자는 전략인데, 전쟁의 신 백기가 있어 가능했다. 이제는 설득이고 뭐고 필요 없다. 입만 가지고서는 되지 않는 무자비의 시대였다.

전국시대 각 나라의 기틀을 잡은 것은 변법이었다. 위문후 때 이회가 처음 변법을 시행한 이래 한나라는 신불해가, 초나라는 오기가 법에 따라 변법을 시행했지만, 결국 제대로 성공한 것은 진나라밖에 없었다. 전국시대라는 이름의 전국戰國은 단순히 전쟁을 뜻하는 것이 아니라 이렇듯 수싸움도 포함한다. 이 수싸움에서 6국이 소진의 합종책으로 우세한 적도 있었으나 결과적으론 연횡책의 장의와 원교근공책의 범수를 고용한 진나라가 승기를 잡았다. 수싸움뿐만 아니라 무력 전쟁에서도 진나라가 승리하니, 한때 변방의 오랑캐라 불리던 진나라를 이제 감히 오랑캐라 아무도 부르지 못했다. 전쟁은 승자의 입으로 전해지는 것이라, 〈대진제국〉 대하 시리즈가 나오는 것도 무리는 아니다. 연나라가 이겼으면 '대연제국'이 나왔을 것이다. 그럼에도 불구하고 전쟁은 모두의 이야기이므로 다양한 입장의 이야기가 가끔 전해지곤 한다. 그 작은 이야기들에도 귀와 마음을 열어 두자. 갑자기 미뤄 뒀던 초나라 시인이자 재상이었던 굴원의 이야기를 담은 〈사미인〉이 보고 싶어진다.

우리는 '전국사공자'예요!

마지막으로 본방을 사수한 한국 드라마는 김희애와 유아인이
열연한 〈밀회〉였다. 그 전엔 〈다모〉였던가? 〈밀회〉가 2014년
의 드라마이고, 〈다모〉가 2003년의 드라마이니 한국 드라마는
10년에 하나씩 보나 보다. 재작년에 넷플릭스 드라마 〈소년심
판〉을 보았으니 또 10년, 이제 2035년 쯤 하나를 보려나? 나는
그사이 유행했다는 2009년의 드라마 〈꽃보다 남자〉를 본 적이
없어 F4의 존재도 알음알음으로 알았을 뿐이었다. 그나마 대
만에서도 〈유성화원〉이라는 제목의 드라마로 만들어진 바 있
어 더 관심을 가졌다. 그런데 〈대진제국지굴기〉를 보다 보니
각각 수천 명의 팬덤을 형성한 평원군, 맹상군, 신릉군, 춘신

군이라는 인기남 4명이 등장하는 게 아닌가? 문득 한때 인기를 끌던 F4가 생각났다. '전국사공자'[10] 또는 '전국사군자'라 불리던 네 사람이 등장하면 왠지 'Almost paradise~'하고 OST가 흐를 것 같다. 넷 중 누가 구준표지?

누가 구준표인지는 모르겠지만 일단 가장 연장자인 제나라의 맹상군 전문부터 소개해 보겠다. 제나라는 전국시대에 들어와 강제시대에서 전제시대로 바뀌었다. 맹상군 역시 전씨 집안의 귀족이었다. 하지만 제민왕이 문제였다. 허세와 질투가 심하고 귀도 얇고 무능했던 제민왕은 맹상군마저 의심하기 시작했다. 왜 그러지 않았겠는가? 맹상군의 식객이 수천 명에 달하고 맹상군을 만나고 싶어하는 이 중에는 진나라의 소양왕도 있었으니 말이다. 맹상군이 견제받는 틈을 타 진나라의 소양왕은 맹상군을 진나라로 초대했다. 성덕이 된 양진소양왕은 맹상군을 재상으로 삼으며 극진히 대접했다. 하지만 굴러온 돌을 미워하는 박힌 돌이 한둘이 아니었다. 전국사공자라고 하니 시샘이 날 만도 하다. 이대로 진나라에 머물다가는 변을 당할 것이 뻔했다. 이때 믿을 건 제나라에서 함께

---

10   전국사공자戰國四公子의 공자公子는 제후의 아들을 일컫는 말로, 이들이 모두 왕족이나 최고위 귀족이었음을 강조하면 이들이 정치적 영향력을 가질 수 있었던 배경을 이해할 수 있다. 따라서 사공자(제후의 아들)의 의미는 그들의 행적에 대한 평가가 아니라 신분에 대한 정치적 영향력에서 비롯되었다고 볼 수 있다. [감수자 주]

온 식객들뿐이었다. 맹상군은 도둑질이나 성대모사 등 사소한 재능까지도 인정하며 식객으로 받아 줬는데, 그 포용력이 그를 위기에서 구해 줬다. 도둑질로 서류를 빼돌린 식객, 개구멍으로 들어가 소양왕의 애첩에게 여우털 코트를 갖다준 식객, 닭 울음소리를 내 성문을 열게 한 식객들 덕분에 무사히 진나라를 빠져나올 수 있었다. 하지만 제민왕의 시기와 질투에는 대책이 없었나 보다. 결국 제나라를 떠나야 했다. 드라마 〈호부전기〉에서는 제나라를 떠나 위나라 신릉군에게 의탁한 말년의 맹상군을 만날 수 있다.

　말이 나온 김에 다음은 신릉군을 만나 보자. 맹상군 전문이 전씨 귀족이었다지만 신릉군 위무기는 무려 왕족이었다. 아버지와 형이 모두 위나라의 왕이었으니 그 출신만으로도 사람들이 따랐을 것이다. 하지만 그것이 아니더라도 신릉군은 사공자 중 가장 인품이 뛰어나다는 평가를 받는다. 그래서 그런가 다른 공자들은 꿰차지 못한 주인공 역할을 드라마 〈호부전기〉에서 차지했다. 맹상군이 사소한 재능도 귀하게 여겼다면 신릉군은 인재를 귀하게 여겨 그가 허름한 옷차림을 했건 도살업을 하건 신분에 상관없이 예를 다했다고 전해진다. 이러한 성품 때문에 사공자 중 으뜸으로 평가받는 신릉군이 구준표일까? 그럴지도 모르겠다.

　신릉군 당시 진나라는 장평전투에 이어 또다시 조나라

수도 한단을 공격했다. 이에 조나라의 평원군이 위나라에 도움을 요청했는데 위나라 왕은 이를 거절했다. 하지만 신릉군이 왕의 병부를 훔쳐 식객들을 데리고 전투에 참여하였고, 이때 합종을 이뤄 내며 진나라의 북진을 멈추는 데 성공했다. 이로 인해 신릉군의 명망은 더 높아졌다. 하지만 나라를 위해 열심히 일했던 맹상군이 제민왕에게 미움을 샀듯 왕의 명을 거역한 신릉군도 위나라로 곧바로는 돌아갈 수 없었다. 어엿한 장군으로 이름으로 높인 신릉군은 병법서인 《위무기 병법서》를 남겼다고 전해지나, 실체는 남아 있지 않다고 한다.

신릉군에게 구원을 요청한 이가 세 번째로 소개할 조나라의 평원군 조승이다. 신릉군과 마찬가지로 평원군도 왕족이다. 아버지와 형, 조카가 왕이었다. 거기에 아내는 위왕의 누나였으며 본인 역시 조나라의 재상이었다. 겸손하기는 쉽지 않은 배경이다. 그래서 그런가 〈대진제국지굴기〉에서 한나라의 꼼수인 줄도 모르고 한나라의 상당 지역을 냉큼 받자고 부추긴 모습을 보면 생각이 깊어 보이지 않는다. 그로 인해 조나라군 40만 명이 매장당한 장평 전투가 일어났으니 생각이 깊지 않다는 말로도 모자라다. 그래, 그냥 좀 모자라 보인다. 〈호부전기〉에서도 좀 치사해 보일 때가 있으니 신분은 귀하되 행동은 그러지 못한 사람 같다. 신릉군이 조나라에 머물 때 속좁게 굴다가 식객들이 우르르 신릉군에게 넘어간 것이나 애

첩을 벌하지 않아 식객이 우르르 또 다 떠난 사건을 보더라도
고정팬층은 얇았던 모양이다. 하지만 떠나려는 식객들을 붙
잡으려 애첩을 죽인 건 더 볼품없다. 철학도 없이 그저 팔로워
수만 중요한 사람 같다. 사공자 중에 가장 평가가 낮다.

　맹상군, 신릉군과 마찬가지로 평원군에게도 특별한 사연
의 식객이 있었는데 바로 고사성어 '낭중지추囊中之錐'의 주인공
을 만든 모수이다. '낭중지추'란 주머니 안의 송곳이라는 뜻으
로, 식객 모수는 평원군이 초나라에 구원을 요청하러 갈 때 따
라가서 초나라 왕을 칼로 위협해 구원을 약속받았다. 초나라
왕은 모수의 협박에 응해 춘신군을 보내 지원하였으니 모수
가 낭중지추의 역할을 제대로 한 셈이다. 〈풍운전국〉에서는
훗날 진시황제를 죽이려 했던 자객 형가가 진짜로 진시황제
를 죽이려던 게 아니라 모수가 했던 낭중지추의 역할만 하려
고 했다는 해석을 했다.

　마지막은 모수의 협박에 출동한 초나라의 춘신군 황헐이
다. 〈미월전〉에서는 훗날 선태후가 되는 미월이 소녀 시절 마
음을 주고받은 사내이기도 하다. 이러한 이야기는 당연히 허
구이지만, 그에겐 실제로 다른 여인과의 중요한 사연이 있다.
그것도 노년에 말이다. 초나라의 실권자였던 춘신군의 식객
중엔 이원이라는 자가 있었는데, 춘신군에게 잘 보이고자 아
름다운 여동생을 바친다. 나이가 많은 춘신군은 그녀를 총애

했고, 처남인 이원 역시 신뢰했다. 하지만 간사한 이원은 여동생을 다시 고열왕에게 바치고는 춘신군을 죽인다. 사람 보는 눈이 어두운 건지, 아첨하는 말에 약한 건지 모르겠다. 고열왕은 춘신군이 목숨을 걸고 초나라에서 구해 나온 왕인데 이렇게 뒤통수를 맞을 줄이야! 혹자는 이때 이 여인이 낳은 유왕이 춘신군의 자식이라는 설도 있다. 진시황보다 앞서 출생의 비밀을 가진 셈이다. 젊은 날에는 지략도 뛰어나고 인자하다는 평가를 받았지만 이원에게 속은 점 때문에 평가가 훅 떨어졌다. 말년에 지혜로워야 죽어서 좋은 평가를 받는다는 것을 보여 주는 예이다.

진소양왕 전후 전국시대에는 뛰어난 인재들이 많았다. 책사로는 장의와 범수, 소진과 소대가 있었고, 장군으로는 기목파전, 즉 백기, 이목, 염파, 왕전이 있었다. 거기에 팬덤 문화를 만든 전국사공자까지 있었으니 전국시대로만 열전을 만들어도 몇 권 충분히 만들 수 있을 것이다. 전국시대로 타임슬립할 수 있다면 풍선이나 몇만 개 사 가서 풍선 장사나 하면 참 좋겠구나! 우윳빛깔 맹상군! 사랑해요 신릉군! 기다려 줘 평원군! 고마워요 춘신군! 일단 구호나 좀 세련되게 만들어 봐야겠다.

중국 최초, 최초, 최초의 진나라

변화가 빠른 시대라 '최초'라는 수식이 이전보다는 가치가 좀 떨어진 것 같다. 그럼에도 불구하고 얼마 전 한강 작가가 대한민국 최초로 노벨문학상을 수상했을 때는 크게 뭉클했다. '최초'가 모두 같은 가치를 지니는 것은 아니다. 최초가 다 좋은 것만도 아니다. 세계 최초로 출국 금지를 당하고, 아시아 최초로 체포당한 현직 대통령을 가졌다는 건 부끄럽다. 그럼에도 우리는 왜 이토록 '최最'에 집착하는 걸까? 나부터도 최애最愛라는 말부터 덜 써야겠다.

중국사에서 최最에 가장 적합한 나라는 진나라일 것이다. 중국은 진나라에 이르러 최초로 통일 국가를 이뤘다. 그 넓고 분열된 땅덩어리가 하나의 체제로 굴러갈 수 있다는 것을 그 이전엔 상상하지 못했을 것이다. 그 어려운 것을 진시황제는 해낸 것이다. 이후 중국은 분열과 통일을 번갈아 가며 왕조 시대를 이어나갔는데, 다시 말하자면 통일된 왕조를 유지하는 것이 그만큼 어려운 일이라는 것을 보여 준다.

본디 진나라는 서주 시대까지는 서쪽 오랑캐 취급을 받았으나 춘추시대가 되면서 주변을 야금야금 정복하며 성장했다. 이런 이유로 진목공을 춘추오패에 꼽는 경우도 있으나 대체로 서쪽 지역에만 머물러 일반적으로는 제외시킨다. 그러다 전국시대에 들어 진효공 때 위나라에서 변법가 상앙이 진나라로 오면서 판세가 달라졌다. 변법은 요샛말로는 개혁이나 혁신이라고 할 수 있는데, 강력한 법률에 의해 다스리는 것을 기본으로 한다. 상앙이 변법을 실시한 이후 진나라는 중앙집권 국가로서 체제를 잡았고, 이에 진혜문왕은 스스로 왕이라 칭했다. 진혜문왕은 장의를 등용하여 연횡책으로 6국의 합종을 무효화하며 전국시대를 이끌어 갔다.

진소양왕이 등극하여 50여 년간 진나라를 다스렸는데, 이때 등장한 이가 중국 '최초의 태후'인 선태후이다. 황후 출신은 아니었기에 이후 진시황제의 어머니인 조태후를 진정한 '최초의 태후'라고 말하는 이도 있지만 그건 지나치게 따지는 것 같다. 진소양왕 치세의 상당 부분을 선태후가 섭정을 하였으나, 선태후의 뒤를 소양왕이 잘 이어받아 진나라를 거의 통일을 할 뻔했다. 초회왕을 떠돌다 죽게 만든 것도 소양왕이고, 제민왕을 꼬셔 칭제하자고 한 이도 소양왕이고, 주나라를 멸망시킨 것도 소양왕이니 그 역할이 적다고 할 수 없다. 아들은 재위 3일만에 죽었으며, 손자도 3년밖에 왕 노릇을 못 해 소양왕의 뜻은 증손자인 진시황제가 이어받았다. 덕치, 인치, 무치를 모두 물려줬는데 진시황제는 과연 이 모두를 펼쳤을까?

진시황제는 전설의 삼황오제에서 이름을 따 그동안 왕이라 칭하던 호칭을 황제로 바꾸었다. 물론 이전에도 소양왕이 잠시 스스로를 '서제'라고 칭제한 적은 있지만 '황제'라고 부른 것은 진시황제가 최초였다. 그 처음이라는 뜻을 담아 본인에게는 특별히 '시始황제'라는 칭호를 붙였다. 이후의 황제들에게는 따로 이름을 만들지 말고 2세황제, 3세황제로만 부르도록 명했다.[11] 물론 3세황제에서 나라가 망해서 그 이상은 생길 수 없다는 걸 진시황은 몰랐을 테지만.

진시황제는 열세 살의 나이에 황제가 되어 스무 살이 넘자 노애와 여불위를 숙청하며 조태후의 남자 관계를 청산하

---

11 진시황이 2세, 3세로 부르도록 한 것은 '시호諡號' 자체를 없애고 '세수世數'로 부름으로써 자신이 영원히 이어질 왕조의 시조始祖임을 강조하기 위함이었으며, 시호는 죽은 사람의 덕을 기리는 호칭이라, 영원히 살고자 했던 진시황의 염원과 맞지 않았기 때문이다. [감수자 주]

고 나라 안을 정비했다. 이후 한, 조, 위, 초, 연, 제를 차례차례 무너뜨리며 중국 최초의 통일국가를 이룩했다. 진시황제는 최초의 황제였을 뿐만 아니라, 최초로 도량형을 통일하고, 최초로 화폐를 통일하고, 최초로 도로를 규격화했다. 변법으로 성공한 나라답게 다 바꿔 버렸는데 이러한 정책들은 세계적으로도 최초에 가까운 업적이라 박수쳐도 좋을 것이다. 하지만 세계 최대 규모 황릉에 세계 최초로 실물 크기 병마용을 배치한 것이나 최초로 국경 지역에 최장의 만리장성을 쌓은 것도 업적이라고 볼 수 있을까? 진나라 3세황제를 넘기지 못하고 쉬이 무너진 이유에 그의 책임도 적지 않아 보인다. 민심을 잃으면 나라는 제대로 굴러갈 수 없고, 힘만 내세우면 신하는 옳은 의견을 내세울 수 없으니까 말이다.

　나라가 황제 한 사람에 의해 운영이 되면 그 황제가 죽은 후 나라의 운명은 황제를 따라갈 확률이 높다. 진시황이 길에서 갑자기 죽자 황제의 유언도 소용없고 환관 조고와 승상 이사는 무능한 호해를 2세 황제로 세웠다. 이 이야기는 드라마 〈초한지〉로도 연결된다. 독재자는 죽고 무능력자가 황제가 되다니 백성만 고달프다. 누가 황제가 되든 백성은 일상의 안정이 가장 중요하다. 혼란한 세상을 구하고자 초왕 항우와 한왕 유방이 등장한다는 이야기인 《초한지》는 《삼국지》, 《수호지》와 더불어 영웅담으로 유명하다. 진나라가 망하자마자 영웅

남이 능장한 것으로 보아 진시황에 대한 후대의 평가는 따로
말하지 않아도 되겠다.

　최초, 최대의 기록이 아무리 많아도 백성들이 행복하지
않았다면 그 기록은 기록 그 이상도 이하도 아니다. 그럼에도
불구하고 그를 롤모델로 삼는 사람들이 있는 것을 보면 이해
가 잘 되지 않는다. 나 같으면 절대 권력을 갖는 것보다 절대
사랑을 받는 게 더 행복할 것 같은데 왜 사람이 사람 위에 서
려는 걸까? 권력이 얼마나 달콤하면 그럴까? 가늠할 수가 없
다. 만약 진시황제가 불로초를 찾는 대신 세계 최초로 황제 정
신 건강 센터를 세웠더라면 진짜 대단한 업적이 되었을 텐데
아쉽다. 지금도 늦지 않았다. 혹시 정치인 중에 최초로 지도자
정신 건강 센터를 세우실 분이 계신다면, 일단 제가 한 표 드
리겠습니다. 앞으로의 우리나라는 최초의 기록에 집착하기보
다는 건강한 기록을 보유한 나라였으면 좋겠다. 우리나라가
불명예스러운 1등을 너무 많이 차지하고 있어 속상하다.

명장이 주인공인 드라마

전국시대戰國時代라는 이름에 걸맞게 이 시기에는 전투가 많았다. 전쟁의 신이라 불리던 진나라의 백기, 지구전의 명수 조나라의 이목, 조나라의 노장 염파, 진나라의 정복자 왕전을 우러르며 각 이름의 한 자씩을 따 '기목파전'이라고 부르기도 한다. 천자문에도 나오는 말이라고 하니 어릴 때부터 우국충정 장수들에 대한 존경심은 우리나라 못지않은가 보다. 따라서 우리나라가 이순신, 대조영 장군의 이야기를 드라마로 만들듯 중국도 명장에 대한 드라마를 적지 않게 제작하고 있다. 이번에는 이러한 애국 명장이 주인공인 드라마를 소개해 보도록 하겠다.

〈무신 조자룡〉(2016)

배경 후한 말부터 위촉오 삼국시대

회차 49부작

한 줄 요약 촉군의 장수 조자룡을 영웅화한 무협 드라마.

시청 포인트 〈삼국지〉에서도 조자룡이 유비의 아들을 들쳐 업고 조조군 진영을 빠져나오는 장판교 장면은 조자룡에게 반하게 만든다. 〈초한지〉의 한신만큼이나 조연으로 두기엔 아까운 인물이다. 그래서 〈무신 조자룡〉이라는 이름을 걸고 주인공이 되어 나타났다. 이 드라마는 역사물이라기보다는 조자룡을 영웅화한 무협물에 가까워 정통 무협 팬들에게 더 인기가 좋다. 그래서 그런지 중국 대형 사극으로는 드물게 최고 시청률 2.38%를 기록했다. 중국에서는 시청률이 1%를 넘으면 성공한 드라마로 본다. 소녀시대의 임윤아가 1인 2역을 소화하며 중국 내에서 인기를 끌었다.

〈정충악비〉(2013)

배경	남송 초기
회차	69부작
한 줄 요약	남송의 구국 영웅이었던 악비 장군의 일대기를 그린 정통 역사 드라마.

시청 포인트　송나라는 2명의 황제가 금나라에 잡혀가며 북송이 멸망하고 남송 시대가 시작되는데, 남송은 명장 악비와 함께 금나라에 저항했다. 우리나라의 이순신 장군이 떠오를 정도로 백성에겐 사랑받고 정적에게 모함을 당한다. 역사물에 걸맞는 정통 사극이지만 그 진지함이 지나쳐 내 기준에는 화면이 너무 어둡다는 게 아쉽다. 충신 대 간신이라는 이분법적 구도는 한계이자 장점이 될 수 있다.

〈난릉왕〉(2013)

배경 남북조 시기 북제

회차 46부작

한 줄 요약 고대 중국의 4대 미남 중 한 사람이자 '북제의 전신'으로
불린 고장공과 신녀 양설무의 사랑.

시청 포인트 실존 인물인 고장공과 허구의 인물인 양설무의 사랑을 통해 남북조 시대의 역사를 더 흥미롭게 볼 수 있다. 고장공은 얼굴이 너무 고와서 전쟁에서 얕보일까 가면을 쓴 것으로 알려졌는데, 그래서 양설무도 처음 고장공을 보고는 '언니'라고 부른다. 음…… 풍소봉(평사오펑)이 곱긴 하지만 그 정도인가? 음……. 궁금하면 직접 확인하기 바란다. 방영 당시 시청률 1위를 한 작품이며, 지금까지도 중드팬들이 꾸준히 찾는 드라마이다.

여담이지만 이 드라마에 등장하는 남북조시대 북주의 인물인 우문옹과 우문호는 〈난릉왕〉 외에도 〈난릉왕비〉, 〈독고천하〉, 〈독고황후〉, 〈체가의녀〉 등에서 비중있게 등장하니 비교하며 보는 재미가 있다. 역사고 뭐고 그냥 캐릭터 자체만의 매력만으로 따지자면 〈독고천하〉 속 우문호가 최고다!

〈영웅 척계광〉(2021)

배경	명나라 말기
회차	30부작
한 줄 요약	명말 왜구에 항전하여 마침내 왜란을 종식시킨 장군 척계광의 업적.

시청 포인트 이순신의 서사에 흥미가 있는 사람은 〈정충악비〉와 더불어 〈영웅 척계광〉 역시 재밌게 볼 것이다. 왜구를 토벌한 점에서는 〈영웅 척계광〉이 이순신의 서사와 더 유사하다.

2015년에 제작되었지만 우리나라에는 2021년에 방영되었는데, 10년이라는 세월감이 느껴지지는 않는다. 작품의 완성도 덕분이기도 하겠지만 배우들의 탄탄한 연기도 한몫한다. 다만 국내에서는 배우 지명도가 높지 않아 대중들에게 많이 알려진 드라마는 아니다. 하지만 입소문을 타고 역사 공부를 하거나 역사물을 좋아하는 팬층에게 사랑을 받는 드라마이다.

3장

한나라와 그림자

장르	역사물
시대	한나라(한원제)
출연	양미(양멱), 류덕개(류더카이)
방송 시기	2007년
방송 회차	31부작

한나라의 그림자라 불리던 흉노, 드라마 〈왕소군〉은 흉노들이 다섯으로 나뉘어 권력 다툼을 하는 데에서 시작한다. 그 권력 다툼의 마지막에 남은 두 사람 중 하나인 호한야 선우가 훗날 왕소군을 연지(왕비)로 맞는 사람이다. 아직은 호한야도 왕소군을 모르고, 왕소군도 호한야를 모르지만 드라마 초반에 호한야가 "아름다운 한나라 처녀를 만나면 아내로 맞겠다"는 농담을 던지니 드라마는 둘의 관계를 애써 숨기지 않는다. 중국의 4대 미녀라는 왕소군의 미모 또한 숨기지 않는다. 황제는 왕소군이 만든 매듭 장식을 보며 "매듭이 예쁜 만큼 만든 사람도 예쁠 것"이라고 말하고, 동네 사람들은 그녀가 물에 비

친 모습만 봐도 예쁘다고들 난리다. 급기야 마을의 현령은 유부남 처지에도 그녀를 위해 목숨을 여러 번 건다. 이런 절세미녀 왕소군은 어쩌다 멀리 떨어진 흉노 땅으로 시집가게 되는 걸까?

왕소군 역할은 판빙빙(범빙빙)과 고원원(가오위엔위엔)을 제치고 양미가 맡았다. 20대 초반의 청초하면서도 당돌한 양미의 모습이 왕소군의 이미지에 잘 어울렸다. 보통 왕소군을 흉노에게 시집가는 불행한 미녀로만 거론해 이런 발랄한 모습일 거라고는 생각하지 못했는데, 양미의 연기를 보며 드라마가 지향하는 바를 느낄 수 있었다. 31부라는 길지 않은 분량 중에 10부나 입궁 전의 왕소군, 즉 왕장의 이야기로 채운 점이 더더욱 그러하다. 왕소군 본연의 모습을 알리고 싶은 의도로 보였다.

그렇다면 드라마에서 보여 주고 싶었던 왕소군 본연의 모습은 어떤 모습일까? 조용한 시골 마을에 사는 왕소군에겐 자신을 사랑하는 세 남자가 있었다. 그런데 한 남자는 동생을 위해 그녀를 포기했고, 그 동생은 형보다 당당해지기 위해 그녀를 떠났고, 한 남자는 왕소군을 과보호할 뿐 마음을 얻지는 못했다. 세 남자 모두 왕소군을 지키기 위해 목숨까지 걸지만 왕소군이 원한 것은 보호가 아닌 사랑이었다. 결국 그녀는 세 남자의 사랑을 뒤로하고, 자발적으로 후궁이 되고 화번공주까지 되었다. 드라마는 이러한 일련의 과정을 비극이나 불운이라고 말하지 않는다. 왕소군의 선택으로 해석하며 그녀를 주도적인 성격으로 표현했다.

입궁한 이후에도 왕소군은 고향 마을에 있을 때와 다름없이 씩씩하고 싹싹하다. 아부나 처세술과는 다르다. 황제의 사랑을 받기 위해서 애쓰는 다른 궁녀들과 달리 내키지 않는 일에는 반항도 하며 좋은 사람들과 교류하며 본래의 모습을 잃지 않는다. 외적인 아름다움보다 이런 태도가 더 사랑스럽다. 화번공주가 되어야 했을 때에도 마찬가지였다. 뒤늦게 그녀의 미모와 성품에 반한 황제가 그녀를 말려 보지만 왕소군은 황궁의 삶을 '새장 안의 새'로 평가하며 거절했다. 호화로운 궁에서 황제의 사랑을 갈구하며 암투에 휘말리는 삶과 이국 땅에서 자유롭게 사는 삶 중 왕소군은 후자를 선택한 것이다. 이 언니 좀 멋지다!

이런 생각으로 흉노 땅에 갔으니 황폐한 환경에 울고 불고 하지 않는다. 도리어 자신을 걱정하는 흉노족들에게 자신들이 사는 곳을 왜 자랑스러워하지 않느냐고 되묻는다. 그러면서 한나라에서부터 구상한 방직 기술 보급을 실천한다. 양모가 많은 환경이니 방직에 최적이란다. 그녀에게 호를 붙여 개척 왕소군 선생이라 부르고 싶다. 이런 그녀를 단지 4대 미녀니, 비운의 여주인공이니 하는 한정적인 말로 표현하는 것에 거부감이 생긴다. 만약 내가 왕소군이었다면(뭐지? 겨우 이 말만 했는데도 왠지 흐뭇한 기분이 드는 건?) 그런 평가는 원치 않았을 거다. 나로 태어나 나답게 살다가 나답게 죽었다고 기억되고 싶을 것이다.

이 드라마에서는 한원제와 왕소군이 부녀 관계를 맺으며 돈독한 정을 나누도록 설정했지만 실제 한원제에게 왕소군은 그저 '아까운 미녀'였을 뿐이었다. 하지만 이런 설정을 통해 당시 한나라와 흉노의 관계 및 한나라의 사정을 한원제의 입을 빌어 들을 수 있어 좋았다. 하고 싶은 말을 툭툭 대사로 던지는데 그 대사들을 음미하는 맛이 좋았다. 정통 사극의 맛이었다. 왕소군을 비극적 희생양으로 강조하려고 했다면 31부가 아니라 62부도 충분히 끌 수 있었을 것이다. 중드는 그런 궁중 암투물에 큰 강점이 있다.

2007년에 제작된 드라마라 요즘 드라마에 비해 영상미는 떨어질지도 모르지만, 제작 당시 〈대장금〉을 뛰어넘겠다는 목표를 가지고 만든 만큼 공을 많이 들인 작품이라 만듦새는 뛰어나다. 오히려 복식이나 카메라 구도 등은 요즘 드라마보다 더 세심하게 느껴졌다. 앳된 양미의 모습 때문에야 오래전 드라마라는 것을 느낄 수 있었다. 내 말을 못 믿겠다면 〈진정령〉이나 〈대옥아전기〉 등의 인기작을 만든 천지아린 감독의 역량을 한번 믿어 보시라. 개인적으론 입궁 전의 이야기가 너무

길고 흉노 땅으로 떠난 이후의 이야기가 짧은 점이 다소 아쉽
다. 왕소군 이전의 왕장을 보는 것도 의미있지만, 그녀 인생의
가장 중요하고 반짝였던 시간은 어쩌면 흉노에서의 삶이었을
테니 말이다. 드라마는 왕소군과 얽히고 설킨 남자들이 총출
동하면서 끝이 난다. 포기한 놈, 떠난 놈, 과보호하는 놈이 한
자리에 모여 다시 한 번 왕소군을 지키려고 한다. 그러나 왕소
군은 여전히 그들의 보호가 아닌 자신의 선택으로 평화를 끌
어온다. 아무리 생각해도 4대 미녀라는 수식어에 가두기엔 아
까운 인물이다.

화번공주라는 이름의 영웅들

왕소군은 애초에 한원제의 후궁으로 들어갔다가 흉노로 보내졌다. 중국의 4대 미녀라 불린 왕소군을 흉노에게 보낸 것에 대해 흉노는 가짜 공주를 보냈다고 노여워하지 않고 더 감사했다고 한다. 왕소군과 같은 절세 미녀를 황제가 취하지 않고 보내다니 성의가 대단하다고 말이다. 명분보단 실리를 추구하는 유목민족들의 성격이 드러나는 부분이다. 하지만 이건 절세미녀 왕소군만의 특수성이었을 뿐, 정치적으로는 당연히 진짜 공주를 화번공주로 보내는 것이 더 큰 가치를 가졌다.

'화번'이란 번蕃과 화친한다는 뜻으로, 번은 이민족을 뜻하며 각 시대마다 주변 이민족들과 화친을 목적으로 공주를 보내어 혼약을 맺어 왔다. 한나라 시기에는 흉노와 오손국 등으로 화번공주를 보낸 기록이 있다. 공식적으로는 진짜 공주를 원하지만 요청하는 사람도 요청받는 사람도 꼭 그렇지는 않다는 것을 암묵적으로 알고 있다. 일반적으로는 궁녀나 황족 중에 한 사람에게 공주의 신분을 주어 대신 보냈다. 왕소군이 처음도 아니고 끝도 아니다. 가까이는 한무제 때 오손국에 화번공주로 해우공주를 보낸 역사가 있었다. 해우공주 이야기는 드라마 〈해우공주〉를 통해 만날 수 있다.

수많은 후궁 중에 왜 왕소군이 되었는지에 대해서는 재밌는 일화가 있다. 당시 황궁에는 모연수라는 궁중 화가가 있었는데, 궁녀들은 황제의 눈에 들기 위해 그에게 뇌물을 바치며 자신을 아름답게 그려 줄 것을 주문했다. 그런데 모태 미녀인 왕소군은 굳이 그럴 필요가 없어 모연수에게 뇌물을 주지 않았다. 그게 괘씸했던 모연수는 왕소군을 실물보다 못하게 그렸다. 드라마에서는 점을 얼굴에 찍어 불길한 인상을 주도록 그렸다. 초상화를 보고 화번공주를 고르던 한원제는 모연수가 그린 왕소군의 초상화를 골랐고 그렇게 왕소군은 화번공주가 되었다. 마침내 왕소군이 흉노족에게 떠나는 날 처음으로 그녀의 실물을 본 한원제는 화가 나서 모연수를 죽였다고 한다. 모연수의 앙심 때문에 호한야는 절세 미녀를 얻었는데 모연수가 죽었으니 호한야는 은혜를 갚을 길이 없구나!

생각해 보면 애당초 공주 대신 다른 여인을 보낸다는 발상 자체가 어이없다. 근본적으로는 평화의 대가로 여성을 이용한다는 것도 문제지만, 그나마 황가의 자손이라면 금수저를 입에 물고 귀하게 자랐으니 그에 대한 의무라고도 볼 수 있다. 하지만 일반 여성을 이용하다니 그 여성의 입장에선 무척 억울하지 않을까? 하지만 당시의 관점에선 진짜 공주를 보내는 것은 국격을 손상하는 치욕에 가까웠다. 합리성의 문제가 아니라 명예의 문제였다. 누가 되었든 척박한 생활 환경과 낯선 풍습이 두려운 건 인지상정, 왕소군과 같이 기꺼운 마음이 아니고서는 진짜 공주든 가짜 공주든 쉽지 않은 일이다.

특히 유목민 특유의 수계혼 문화는 당시 한족 여인에게는 치욕으로 느껴졌을 것이다. 수계혼이란 선우가 죽은 후에 그의 후계자가 이전 선우의 아내를 취하는 유목민족의 관습인데, 왕소군의 경우 혼인 3년 만에 호한야가 죽자 다음 선우인 복주류의 부인이 되었다. 의붓아들의 아내가 된다는 것이 한족의 입장에서는 패륜이지만 흉노의 관습에는 지극히 자연스러운 일이었다. 한나라는 이에 대해 현지의 풍습을 따르라는 원칙을 세우고 있었기에 한무제 때 세군공주도 수계혼을 하였고, 이후 당덕종 때에 화번공주로 간 함안공주는 4명의 칸과 재혼을 해야 했다. 진짜 공주였던 함안공주는 4명의 칸과 결혼하여 오랜 기간 당나라와 위구르의 동맹에 일조했다고 하니 왕소군 못지않은 멋진 언니이다.

　중국은 오랜 기간 이민족과의 다툼과 화친을 반복하며 역사를 만들었다. 우리나라 역시 중국으로 화번공주를 보낸 적이 있었다. 화번공주로 떠난 이들이 모두 함안공주나 왕소군, 해우공주처럼 잘 지낸 것은 아니지만 그래도 그들 모두를 싸잡아서 불행하고 비극적이라고 평가하는 것도 옳지 않다고 생각한다. 해우공주는 오손국의 정치에 적극적으로 참여하며 흉노를 견제한 공을 세우고 70세가 되던 해에 한나라로 돌아와 생을 마쳤다. 왕소군은 흉노에 한나라 문물을 적극적으로 전파하고 60여 년간 두 나라 평화로운 교류를 주도한 공을 세워 한무제 때의 명장 위청과 곽거병에 버금가는 업적이라는 평가도 받았다. 함안 공주는 칸 4명의 부인으로 있으면서 토번이 당나라를 공격하지 못하게 하는 등 당나라 화번공주 중 가장 큰 공로를 인정받았다. 이러한 삶을 비극이라고 말하는 것은 그녀들의 노력을 너무 폄하하는 말 같아 달갑지 않다. 물론 대부분의 여성들은 견디기 어려웠을 것이고, 실제로 당숙종의 친딸인 영국공주는 순장 당할 뻔했는데, 이를 피하고자 얼굴을 칼로 긋고서야 귀국할 수 있었다. 그러니 그들을 비운의 여성으로 묶어서 평가하는 것도 무리는 아닐 것이다. 하지만 개개인의 삶으로 들여다보면 더 좋겠다. 역경을 이겨 낸 여인들도 분명 있었으니까 말이다.

대막? 막북? 막남?

중드를 소재로 중국사에 대한 책을 쓰기로 결정하면서 장구한 중국사의 수많은 왕조 중 어느 나라를 쓰고 어느 나라를 쓰지 말지 고민이 많았다. 어렵사리 상주교체기, 춘추전국시대, 한나라, 당나라, 송나라, 명나라, 청나라에 대해 쓰기로 결정하고 나서도 못내 남북조 시대를 넣지 못한 게 아쉽다. 또한 각 시기의 드라마를 선정하는 과정에도 고민이 많았다. 특히 한나라를 배경으로 한 드라마를 선정하는 것이 가장 어려웠다. 〈초한지〉는 내가 좋아하는 작품이지만 춘추전국시대와 너무 가깝고 한나라 전체를 다루기엔 부족했다. 그보단 좀 더 많은 내용이 나올 수도 있지만 역시 초기의 이야기라 〈미인심계〉도 제외했다. 암투물인 〈모의천하〉는 아예 고려 대상도 아니었다. 그렇다면 진시황, 당태종과 더불어 중국인들이 가장 존경한다는 한무제는 어떨까? 한무제에 대한 드라마는 차고 넘치니 괜찮은 선택지였다. 그러나 어이없게 들릴지 몰라도 한무제는 내 취향이 아니라서 뺐다. 정복 군주에 대해서는 도무지 흥미가 생기지 않아 〈위황후전〉도 채 다 보질 못했다. 그런데 한무제까지 빼고 나니 다룰 드라마가 얼마 남지 않았다. 광무제 시기를 다룬 〈수려강산 장가행〉이 탐났지만 현재 볼 수 있는 방법이 없었다. 수많은 포기를 거쳐 선정된 드라마가 〈왕소군〉이었다.

하지만 〈왕소군〉을 보면서 '대막'이라는 지명이 나올 때마다 뒤늦게 떠오르는 드라마가 있었으니 바로 동화 작가의 소설을 원작으로 한 〈대막요〉와 〈운중가〉였다. 두 드라마는 시리즈로, 한무제 시기부터 한선제 시기까지를 배경으로 한다. 한나라 중기 흉노와의 관계도 살펴볼 수 있었을 것 같은데 혹시 내가 놓친 건 아닐까? 하지만 두 드라마가 원작 소설과 달리 가상 인물들로 설정을 바꾼 점과 로맨스에 치우친 점을 확인하고 나니 〈왕소군〉으로 결정한 것이 후회되지 않았다. 이 책의 컨셉에는 정통 사극이 더 적합하니까! 하지만 〈왕소군〉에서 대막이라는 지명을 볼 때마다 이 이름을 제목에 내세운 〈대막요〉가 머릿속에 맴돌았다. 대막은 대체 어떤 지역이길래

'대막大漠의 노래'라는 제목까지 만들어 냈을까? 대막과 흉노에 대해 알아 보는 김에 〈대막요〉에 대해서도 조금 이야기 나눠 보자.

〈대막요〉는 한무제 시기 사막에서 자란 늑대 소녀 신월과 한나라 명장 위무기의 사랑을 그렸으며, 〈운중가〉는 이 둘 사이에서 태어난 딸 운가와 한소제의 사랑을 다뤘다. 드라마에서 신월과 운가를 흉노라고 설정하진 않았지만 〈대막요〉의 원작 소설에서 남자 주인공이 '흉노 정벌의 최강자'인 곽거병이라는 것을 알고 나면 신월을 흉노족으로 봐도 무방하다. 한무제가 위청과 곽거병을 등용해 흉노를 정벌하기 전까지 대막은 흉노의 땅이었으니 말이다. 흉노족은 흔히 '한나라의 그림자 민족'이라고 불릴 만큼 한나라 내내 한나라의 레이더망에 존재했다. 때로는 한나라의 갑이었고, 때로는 한나라가 갑이었다. 그 기준은 '누가 대막을 점령하는가'였다.

대막大漠, 즉 '큰 사막'은 초기 흉노족의 근거지였던 고비 사막을 가리킨다.¹ 흉노족은 한나라 이전부터 중원을 침범해 왔으며, 이에 진시황제는 고비 사막 아래 만리장성을 쌓아 흉노의 침입을 막았다. 진시황이 죽고 항우와 유방이 패권 다툼

---

1   덧붙여 막북漠北은 이 사막의 북쪽, 즉 몽골 초원을, 막남漠南은 이 사막의 남쪽, 즉 오르도스 지역을 포함하는 황하黃河 이남 지역을 의미한다. 진시황의 만리장성은 대략 막남 지역의 경계선 역할을 했다. [감수자 주]

을 하던 시절, 흉노족에서는 묵돌 선우라는 막강한 지도자가 등장해 주변 부족들을 정벌한 후 흉노제국을 세워 주변 나라들을 복속시켰다. 이것을 두고 볼 한나라가 아니다. 한고조 때 흉노를 정벌하고자 나섰다. 흉노를 만만하게 본 것이다. 결국 철기 기병을 앞세운 흉노에게 패해 굴욕적인 화친을 맺게 되었으니, 흉노가 갑이요 한나라는 을이었다. 흉노가 형이고, 한나라가 동생이었다. 그만큼 흉노는 구역 최강자였다. 한문제 시대에 환관 중항열이 억지로 떠밀려 흉노로 가게 되었는데, 이에 앙심을 품고 당시 노상선우에게 한나라에 이기는 방법을 조언하며 한나라를 못살게 굴었다. 한나라에게 흉노는 눈엣가시 그 이상의 괴로움이었다.

이런 흉노를 정벌하는 데에 성공한 이가 있었으니 그가 바로 중국인들이 사랑하는 한무제다. 한무제 시기 흉노 정벌에 나섰던 이광, 위청, 곽거병, 이광리의 이름은 중국사를 공부한 사람들에겐 익숙한 이름들이다. 《사기》를 쓴 사마천 역시 이때 흉노와 전쟁 중에 포로로 잡힌 이릉 장군을 변호하다가 한무제의 노여움을 사 결국 궁형에 처해졌다. 한무제의 흉노 정벌이 성공하면서 흉노족은 막북인 몽골 초원으로 쫓겨나 한무제가 살아 있는 동안에는 막남을 넘보지 못했다. 이 지대한 업적에 큰 역할을 한 이가 〈대막요〉의 원작 주인공인 곽거병이다. 곽거병 전기를 다룬 드라마 〈풍기대막〉이 하루 빨리 방영되었으면 이 이야기를 좀 더 즐길 수 있을 것 같아 기다려진다. 어떤가, 이제는 '대막'이라는 명칭이 좀 익숙해지지 않았나? 아는 만큼 보이는 법이다. 〈대막요〉의 후편 〈운중가〉의 주인공인 운가는 우연히 한 남자를 구하게 되는데, 하필이면 그 남자가 훗날 한나라의 황제가 된다. 엄마는 장군을 만나더니 딸은 황제를 만난다. 정말 드라마가 드라마 했다.

알 만큼 알고 나면 그다음이 궁금해지는 법이다. 궁금함이 사라지기 전에 더 알아 보자. 한무제 이후 흉노는 대막을 기준으로 막북의 서흉노와 막남의 동흉노로 갈라지며, 〈왕소군〉의 배경이 되는 한원제 때에는 호한야 선우가 이끄는 막남 세력이 한나라에 귀순한다. 이때 호한야와 그의 아들 복주류는 왕소군을 아내로 맞아 한나라의 사위들이 되었다.[2] 이때부터 흉노는 한족화되고 약해지지만(그 옛날 환관 중항열이 한족화되지 말 것을 흉노에 당부했었는데, 시간이 흘러 그 조언이 희미해진 모양이다.), 왕망이 황위를 찬탈한 틈에는 전성기 영토를 거의 회복하기도 했다. 틈을 잘 노리는 민족이다. 기회를 잘 잡는다

---

2   호한야 선우呼韓邪單于는 기원전 51년에 한나라에 귀순(내속, 內屬)했다. 그는 왕소군을 연지(閼氏, 흉노 군주의 아내)로 맞았으며, 이후 호한야가 죽은 후 수계혼收繼婚 관습에 따라 그의 아들인 복주류 선우復株累單于에게 시집간 것이 맞다. 또 복주류 사후에는 그의 동생인 수해 선우搜諧單于의 연지가 되었다는 설이 유력하여, 총 3명의 선우의 연지가 된 것으로 알려져 있다. 이는 그녀의 삶이 얼마나 흉노 풍습에 깊이 적응했는지를 보여 준다. [감수자 주]

고도 볼 수 있겠다. 하지만 안타깝게도 영토는 회복했되, 또다시 남흉노와 북흉노로 나뉘니 '하나의 흉노'는 '하나의 중국'만큼이나 쉽지 않았다.

북흉노와 남흉노가 분열할 때, 왕소군의 아들도 희생되었다. 흉노의 역사에서 왕소군의 이름은 단순히 '중국 4대 미녀'라는 가십거리가 아니라 정치적 사건 아래 등장한다. 공교롭게도 두 번째 귀순 역시 남흉노를 이끄는 호한야(후혼한야 선우)'라는 이름의 선우에 의해 이뤄졌다. 이때 북흉노는 몽골 초원을 넘어 유럽까지 쫓겨 갔다. 이들이 유럽에 자리 잡아 훈족이 되었다는 설이 유력하다. 발음상 튀르크가 돌궐일 것과 같은 이유로 훈도 흉노가 맞을 것만 같다. 순전히 내 느낌이니 너무 믿진 마시라. 그 얘긴 나중에 유럽사를 공부할 때나 알아보기로 하고, 중국 내의 흉노 이야기를 마저 하자.

한나라에 예속되어 있던 남흉노는 한나라가 소멸할 때 함께 사라진다. 오호십육국 시대에 흉노인이었던 유연이 한나라를 계승하며 전조를 세워 25년간 유지했다. 흉노인이 한을 계승한다니 이미 흉노가 많이 한韓화되었다는 것을 알 수 있다. 묵돌 선우가 알면 무덤에서 뛰쳐나올 판이다. 한나라와 흉노가 사라지니 이제는 대막도, 막북도, 막남도 큰 의미가 없다. 물론 이후 몽골과 돌궐이 등장할 때마다 또다시 대막은 중요한 장소가 된다. 송나라를 배경으로 하는 〈사조영웅전〉의 곽정은 대막 초원에서 몽골족과 함께 자랐고, 당나라가 배경인 〈장가행〉의 아시륵준은 고향 땅이 대막이라고 한다.

흉노를 공부하다 보니 흉노의 역사도 굉장히 흥미로웠다. 그간 중국사를 너무 중국 왕조 중심으로만 알려고 했던 점을 반성했다. 이번에 중국사를 공부하면서 흉노, 돌궐, 서하, 만주 등 다양한 이민족의 역사를 알게 된 점이 가장 기쁘다. 편협한 지식에 균형감을 실어 주었다. 모르던 것을 제대로 배우게 된 순간의 설렘을 느꼈다. 같은 설렘을 〈왕소군〉에서 흉노인이 흉노족의 역사와 문화를 가르쳐 주던 장면에서도 느꼈었다. 드라마에서 이 부분을 매우 공들였다는 점이 고맙기까지 했다. 흉노의 역사와 전통을 연구를 하는 사람들이 있다면 이 장면 때문에라도 이 드라마를 보라고 추천하고 싶다. 쉬이 만날 수 있는 자료가 아니다.

실크로드는 정말 필요했을까?

'중국'을 생각할 때 '비단 장수 왕서방'이 자동 재생된다면 최소한 45세 이상일 것이다. 요즘 아이들은 코로나를 먼저 떠올릴지 모르겠지만 '나 때는' 그랬다. 한국이 인삼의 나라이듯 중국은 비단의 나라였고, 그 비단이 서역으로 오가던 길을 비단길 또는 실크로드라고 불렀다. 물론 비단은 하나의 예시일 뿐 그 길로 오간 것이 어찌 비단뿐이겠는가.

　실크로드는 한무제 이전 흉노가 구역 최강자였을 때에는 흉노가 서역과 교류하는 길이었다. 감히 한나라는 넘보지 못하는 길이었다. 그러던 것이 흉노를 정벌한 이후에 한나라에 들어와 교역이 시작되었다. 이 길을 개척한 것으로 알려진

이는 장건이다. 하지만 한무제가 장건을 보낸 이유가 이러한 교류를 노린 것은 아니었다. 한무제는 흉노에 대한 압박을 하는 동시에 서역의 부족들과 연맹을 맺어 흉노를 고립시키고자 했다. 정치·군사적 목적이었다. 이에 장건을 월지국으로 보냈는데, 가는 길인 대막에서 흉노에게 잡혔다. 그리고 10년을 억류되어 있었다. 하지만 10년간 감옥살이를 한 것은 아니고 대막 내에서 벗어나지만 않으면 됐다. 자식도 낳고 잘 살다가 10년이 지난 어느 날 감시가 허술해진 틈에 탈출했다. 나 같으면 10년이나 억류되어 있었으니 동쪽에 있는 고향으로 갈 것 같은데 장건은 서쪽 월지국으로 갔다. 그런데 너무 늦은 동맹은 동맹이 될 수 없다는 사실만 확인하고 되돌아와야 했다. 그런데 그만, 돌아오는 길에 또다시 흉노에게 잡히고 만다. 이번에는 기왕 잡힌 김에 아내와 자식까지 데리고 탈출에 성공하니 전화위복인 셈이다. 그렇게 무려 13년 만에 한나라 땅을 밟았다.

장건은 비록 월지와의 동맹을 맺는 데에도 실패했고, 13년간 방랑하며 빈손으로 온 것 같지만 실은 더 중요한 것을 가져왔다. 바로, 정보이다. 장건은 13년간 알아낸 중앙아시아까지 이어지는 길의 맥락을 제공하여 위청과 곽거병 장군이 흉노를 정벌하는 데에 도움을 주었다. 지금도 정보가 무기만큼이나 중요한 전쟁 도구이듯, 지피지기 백전백승은 시대를 초월하는 전략이었다. 장건은 이후 다시 실크로드를 밟는데, 이때는 서양의 문물을 얻고 외국과 동맹을 맺기 위해서였다. 당시만 해도 서양에서는 흉노가 한나라보다 더 잘 알려진 때라 한나라가 다른 나라들과 동맹을 맺기가 쉽지 않았다. 그래서 장건은 사신들을 한나라로 데리고 왔다. 직접 보고 판단하라는 거다. 한나라의 번성을 눈으로 확인하고 돌아간 외국의 사절들을 통해 한나라는 실크로드에서 교류하게 되었다. 비록 이름은 지극히 서양 중심적으로 비단이 오가는 길이라는 뜻을 담아 지었지만 당시 가장 이득을 본 것은 한나라였으니 이름쯤은 양보해도 좋겠다. 어쨌든 중국은 '비단 장수 왕서방'의 나라는 맞았으니까.

한무제는 특히 서양의 말에 관심이 높았다고 한다. 장건에게 천 리를 달리는 한혈마에 대해 전해 들은 한무제는 이 한혈마를 얻기 위해 대완국을 학살해 말을 빼앗아 왔다. 이렇게 무자비하다니 좋아할 수가 없다. 아무튼 한혈마에 꽂힌 한무제는 한혈마에 대한 시도 짓고 한혈마 청동상도 만들었다. 유홍준 교수 역시 이 '마답비연상'에 찬탄을 아끼지 않았으니 실제 한혈마가 얼마나 탐나는 대상이었는지 짐작은 간다. 하지만 갖고 싶다고 다 가져선 안 된다.

물건과 말이 오가는 길에 종교와 예술도 오갔다. 육상 실크로드를 통한 교류는 후한 때까지 이어져 후한 광무제 시기

반초는 약 30여 개의 서역 국가를 한나라에 복속시키고 교류했다. 이에 르네상스 시대에 헬레니즘 문화가 발달했듯, 중국에도 서역의 문화가 중원의 문화와 섞여 새로운 문화를 만들어 냈다. 인도의 불교는 중국식 불교로 정착되었고, 무희들은 빙글빙글 도는 서역의 춤사위를 배웠다. 당나라 시대에 이르러 그 교류가 절정에 달해, 수도 장안은 국제 도시로 이름을 높였고, 명나라의 환관 정화의 대항해로 이어졌다. 이름만 실크로드이지 길은 통하기만 하면 무엇이든 지나갈 수 있었다. 육상 실크로드는 해상 실크로드로 이어지고 지금은 육해공 모든 길, 아니 가상의 길까지 열린 시대가 되었다.

그런데 의문이 든다. 동서양이 실크로드로 교류한 것은 정말 잘한 일일까? 세계가 여러 갈래에서 하나로 연결되는 게 과연 좋은 일일까? 누구에게? 서양의 과학이 동양으로 전해지고, 동양의 철학이 서양으로 전해지는 일은 동쪽이든 서쪽이든 사람들의 삶을 풍요롭게 했을 것 같다. 그렇다면 흑사병과 코로나가 전염되고, 전쟁 물자를 나르는 이동 경로가 되는 건 어떨까? 내가 학교에 다닐 때만 해도 '지구촌'이라는 말은 백 퍼센트 긍정적인 말인 줄로만 알았다. 멀리 떨어진 세계인들이 교통의 발달로 쉽게 만나게 되면 모두 이웃이 될 줄만 알았다. 그런데 교통과 통신이 발달하며 물리적인 이동과 비물리적 교류까지 너무나 쉬워진 이 시대에 우리는 과연 서로

에게 이웃인지 묻고 싶다. 중국 내에서 혐한 정서가 조금 완화
되긴 했지만 한한령은 여전하고, 한국 내에서도 중국이나 중
국인을 짱개라고 비하하곤 한다. 그럴 바엔 그저 저 멀리 어떤
세상이 있을까 궁금해하며 서로를 동경하고 어려워하는 게
낮지 않을까? 왠지 현대의 불편한 국가 관계가 실크로드에서
시작된 것만 같아 살짝 원망스럽기도 하다. 물론, 길은 잘못이
없지만 말이다.

무제와 무제!

궁중 암투물인 〈모의천하〉를 볼 때에 무엇보다 놀란 점은 조비연을 연기한 동려아(퉁리야)가 등장한 순간이었고(마치 〈늑대의 유혹〉에서 강동원이 우산을 들고 등장하는 모습과 같은 충격), 그다음은 한원제 때 입궁한 왕정군이 황후가 되고 나서도 한성제, 한애제, 한평제, 왕망 때까지 살았다는 사실이었다. 여든이 넘도록 장수하였다지만 중국의 가장 높은 자리(궁녀에서 황후로, 황후에서 황태후로, 황태후에서 태황태후의 자리에까지 올랐다.)에서 한나라의 흥망성쇠를 모두 보았으니 체감상으로는 200년은 산 것 같지 않았을까? 유교 황제, 음란 황제, 꼭두각시 황제 다 겪고 급기야 반역으로 나라가 망하는 꼴까지 봤다.

한나라를 무너뜨리고 신나라를 세운 왕망은 왕정군이 중용한 조카였다. 한때 촉망받는 개혁가였던 왕망은 일이 뜻대로 풀렸다면 상앙이나 한비자 못지않은 명예를 얻었을지도 모르겠다. 하지만 개혁이 뜻대로 되지 않자 결국 한나라를 무너뜨리고 신新나라를 세워 버렸다. 하지만 세력이 없어 개혁도 제대로 못했는데 충성을 다하는 이들이 얼마나 됐을까? 겨우 15년 만에 신新은 멸망하고 다시 한나라 종실이 한나라를 이어가니 그가 바로 광무제이고, 이때부터의 한나라를 후한이라 부른다. 전한과 후한을 다른 말로 서한과 동한이라고 부르기도 한다. 전한에도 무제가 있는데, 후한에도 무제가 하나 생겼다. 두 무제를 함께 이야기해 보는 것도 흥미로울 것 같다.

전한 시대의 무제, 즉 한무제는 한문제와 한경제로부터 부강한 나라를 물려받았다. 비록 두 사람은 황위에 있는 동안 먹을 거 안 먹고 입을 거 안 입어 가며 '문경지치文景之治'라 불리는 중흥기를 만들었지만, 손자이자 아들인 한무제에게는 다이아몬드 수저를 입에 물려 주었다. 다시 말해 한무제는 아버지와 할아버지처럼 아끼지 않아도 충분히 먹고 살 만했으며, 더 나아가 전쟁을 하기에도 충분했다. 그래서 그는 매년 정복 전쟁을 일으켰는데 대체로 그 대상은 흉노였으나 그중엔 고조선도 있었다. 중국인들이 한무제를 존경하는 건 이처럼 강력한 힘으로 이민족들을 정복한 점 때문이기도 한데, 이는 우리가 광개토대왕에게 느끼는 감정과 비슷하다. 하지만 거의 매년 전쟁을 해야 했던 당시 백성들도 한무제가 마냥 존경스러웠을까? 빈번한 정복 전쟁으로 백성들의 삶은 피폐해지고 국고는 탕진되었다. 자기는 다이아몬드 수저를 입에 물고 태어났으면서 소제와 선제에게 무엇을 물려줬나 묻고 싶다. 한무제 이후로 흉노가 더이상 한나라에 위협이 되지 않았다면 모를까 흉노는 한나라 내내 그림자처럼 존재했다. 그림자는 잠시 사라지긴 하지만 영원히 몰아낼 순 없다. 다행히 소제와 선제, 넉넉하게 원제 때까지는 나라를 비교적 안정되게 끌어갔다만 성제 이후로 몰락의 길을 가는 데에 한무제의 책임은 없을까?

물론 무제가 정복 군주라는 정체성만 가진 건 아니다. 내치에도 힘썼다. 그 첫 번째가 유교를 통치 이념으로 일원화했다는 점이다. 한무제 이전까지 한나라는 황로 사상[3]을 기반으로 통치하였으며, 그 외에도 춘추전국시대의 제자백가 사상들이 중구난방 섞여 있었다. 나라의 안정을 위해 한무제는 유가를 선택해 태학을 설치하고 유학자들을 관료로 채용했다.[4]

---

3   신화 속 인물인 황제와 도가 사상의 노자의 이름을 딴 사상으로, 자연 세계의 질서에 순응하는 것을 중요시 했다.

4   한무제는 동중서董仲舒의 건의를 받아들여 '파백가 독존유술罷黜百家 獨尊儒術', 즉 백가를 물리치고 유술儒術만을 높인다는 정책을 시행하여 유교를 국가 통치 이념

덕분에 신분을 차별하지 않고 능력에 맞게 인재를 등용할 수 있는 공적 루트가 마련되었다. 하지만 유가적 통치는 황제의 권력을 강화시켜 주었고, 황제의 뜻이 전쟁이라면 그마저도 정당화되었다는 맹점이 있다. 공맹을 따랐던 시대에 혹리가 만연했다는 것도 아이러니하다.

어쩌면 한무제가 정복 전쟁에 중독되어 있었던 것은 실리적인 이유보다는 자신을 영웅 시하려는 욕망 때문은 아니었을까? 왠지 진시황제가 오버랩된다. 말년에 불생불사를 꿈꾸며 미신을 믿는다거나, 간신의 부추김으로 아들과 황후까지 죽게 만든 건 역대 암군들의 레퍼토리이다. 한무제 사후 한소제와 한선제는 한무제의 실정을 바로잡아야 했고 정치적으로 경직된 문화는 이후 왕실의 분열을 가져왔다. 어쩌면 한무제의 날갯짓 때문에 한나라가 무너진 게 아닐까? 비약이 심하다고 할지도 모르겠지만 훗날 청나라 건륭제의 안일함이 이후 청나라의 붕괴를 불러온 것처럼 한무제의 자아도취가 한나라의 붕괴를 불러왔다는 생각이 든다.

한무제가 그토록 열성을 다해 지키려고 했던 한나라는 허망하게도 외척이자 재상이었던 왕망에게 멸망당했다.⁵ 왕

으로 확립했다. [감수자 주]

5   왕망王莽은 서기 8년에 선양선禪讓(평화적인 왕위 양위)의 형식을 빌어 전한을 멸망시키고 신新나라를 건국했다. [감수자 주]

망에 대항하며 한 황실의 핏줄 한 가닥씩을 들고나와 스스로 황제라 칭하기도 하였지만, 대부분은 인정받지 못했다. 광무제 유수에 이르러 정식으로 황제의 칭호를 인정받게 되니 우리는 이때부터를 후한이라 부른다. 광무제 유수가 한나라 황실의 핏줄이라고는 하지만 평생을 평민과 진배없이 살았는데 어쩌다 갑자기 황제가 되었을까?

광무제는 한무제가 설립한 태학에서 유교를 배웠으니 일단 한무제의 덕을 본 셈이다. 하지만 태학에서 공부를 했다고 바로 벼슬을 한 것은 아니다. 고향에 돌아와 농사를 짓다가 왕망이 한나라를 무너뜨리고 신나라를 세웠다는 소식에 형과 함께 저항군을 이끌었다. 태학에서 의로움에 대해 잘 가르쳐 줬나 보다. 땅을 갈던 곡괭이로 신나라를 갈아 버리고, 군웅들을 평정하여 중원을 다시 통일하였다. 난을 평정하였으니 후대로부터 '무제'라는 시호를 받으며 한나라를 다시 이어가게 되었다.

그런데 그는 그냥 '무제'가 아니라 '광무제'였다. 광무제는 앞서 말했듯 태학에서 공부한 '유교보이'였다. 〈왕소군〉에 등장한 한원제 역시 알아주는 유교론자였는데, 광무제의 성품 역시 그러했던 모양이다. 다만, 난세에 무武를 사용했을 뿐이다. 한무제가 유교를 내세웠지만 결과적으론 정복 군주였다는 것과 비교된다. 광무제는 백성들이 일상을 회복하길 바라며 세금도 감면해주고, 인권도 챙겨 주고, 사면령도 내리는 등 사회 질서에 심혈을 기울였다. 본인 스스로도 근검절약하는 모범을 보였으니 한무제보다는 한문제나 한경제의 모습이 보인다. 때문에 후대는 무제라는 그의 시호에 '광光'이라는 글자를 하나 더 붙여 준 것이리라.

일반적으로 한나라에 대한 이미지는 한고조 유방의 건국과 한무제의 영토 확장으로 대표되지만 한나라를 다시 일으키고 안정시킨 광무제도 동등한 비중으로 평가해야 할 것이다. 비록 후한 시대의 전성기는 그다음 황제들에게 양보해야 했지만 그 기반은 광무제가 닦아 놓은 것이니 말이다. 한나라를 공부하며 한문제와 한경제, 그리고 광무제를 알게 된 점이 좋았다. 원래 1인자보다는 2인자에 관심이 많은 편이라 다소 편파적인 글이 된 것 같지만, 드러나는 업적을 세운 이들보다 자기 자리에서 최선을 다한 사람들이 더 좋은 평가를 받았으면 하는 마음은 변함없다. 그런 면에서 한무제를 존경하는 마음은 존중하지만 아무래도 내 취향은 광무제이다. 광무제를 다룬 드라마를 보고 싶었지만 〈수려강산 장가행〉을 볼 수 있는 채널이 없어 안타깝다. 역시 중드는 볼 수 있을 때 봐야 한다! 아, 궁금하다 궁금해! 아쉬운 대로 광무제와 황후의 사랑을 다룬 소설 《음려화》라도 읽어 봐야겠다.

영웅들이 총출동하는 드라마

학창 시절 읽었던 이문열의 《삼국지》부터 어른이 되어 두 번이나 읽은 장정일의 《삼국지》, 짬짬이 읽은 《한 권으로 읽는 삼국지》, 가족들과 함께 읽은 《고정욱 삼국지》, 드라마를 보고 공부하는 마음으로 읽은 글항아리 동양 고전 시리즈 중 하나인 《삼국지》까지, 내가 읽은 《삼국지》의 양은 어디 가서 빠지지는 않을 듯하다. 그만큼 나에게 삼국지는 매력적인 이야기이다. 문제는 내 기억력이다. 당최 책장을 덮고 나면 기억이 나질 않는다. 그냥 느낌만 남아 있다. '아, 이번에 읽을 땐 주유가 왠지 새롭게 해석되네!' 이런 정도로. 역시 오래 기억하는 데에는 드라마가 더 효과적이다. 《삼국지》의 경우엔 95회차를 매번 온 가족이 모여서 같이 보았기에 더 그러하다. 물론, 기억력의 오류가 있어 가장 기억에 많이 남은 게 드라마의 내용이 아니라 조조의 웃음소리였지만 말이다. 아, 도대체 나의 기억력은 어떡하지? 그래서 이렇게 기록으로 남기는 것이다. 이름하여 영웅들이 총출동하는 드라마들!

〈삼국지〉(2010)

배경 후한 말~위촉오 시대

회차 95부작

한 줄 요약 십상시의 난부터 시작해 제갈량이 죽기까지 위촉오 수많은
영웅의 이야기.

시청 포인트 비교적 정사의 기록은 잘 반영하여 만들었다. 유비 역할의 위허웨이는 〈봉신연의〉에서 강자아, 〈사마의〉에서는 사마의가 환생한 것 같은데 〈삼국지〉에서는 또 유비의 환생 같다. 마찬가지로 조조 같은 조조, 장비 같은 장비 등 모든 배역이 연기력 최고이다. 완성도 높은 전쟁신도 감탄을 불러온다. 95회가 부담이 된다면 8회 분량(각 120분)의 극장판 작품으로 봐도 좋다. 극장판은 현재 한국어 더빙판으로 볼 수 있다.

촉의 입장에서 유비, 관우, 장비만 영웅 시한 것이 아니라 세 사람의 부족한 점과 여타 인물들의 장단점을 입체적으로 볼 수 있다는 점이 좋았다. 물론 영웅 서사를 좋아하는 사람의 입장에서는 못마땅할 수도 있겠다. 다만, 손부인이나 초선의 역할이 미미한 점은 아쉽다.

〈초한전기〉(2013)

배경	진나라 말~한나라 건국
회차	80부작
한 줄 요약	진시황제가 죽고 초나라의 명장 항연의 후예인 항우와 민초 출신 유방이 난을 평정하고 패권을 다투는 이야기.

시청 포인트 〈삼국지〉가 인물들이 너무 많이 등장해 이해관계가 복잡한 데에 비해 〈초한전기〉는 유방과 항우의 대립 구도가 선명해 몰입이 더 잘된다. 중국은 특정 제작소가 같은 배우, 작가, 감독 군단으로 드라마를 제작하는 것이 관행인데 〈초한전기〉와 〈삼국지〉를 한 제작소가 만들었다. 그래서 느낌도 비슷하고 배우들도 겹친다. 그러니 〈삼국지〉를 재밌게 본 사람이라면 〈초한전기〉 역시 믿고 봐도 좋다. 〈삼국지〉에서 여포였던 허룬둥(하윤동)은 〈초한전기〉에선 항우를 연기하며 이번에도 장르를 멜로로 만들었다. 〈삼국지〉 방영 후 받은 비판을 반영한 것인지 여성 인물을 좀 더 입체적으로 그린 점도 만족스럽다.

〈수당연의〉 (2013)

배경	수양제 ~ 당나라 건국
회차	62부작
한 줄 요약	수양제의 폭정에 저항하는 와강채 영웅들과 당나라 개국 공신들의 활약.

시청 포인트   〈삼국지〉가 《삼국지연의》를, 〈초한전기〉가 《서한연의》를 원작으로 하듯 〈수당연의〉도 동명의 소설 《수당연의》를 원작으로 한다. 원작에 충실했고 고증이 잘된 것으로 평가되지만 원작 자체에도 나성을 비롯한 허구 인물이 여럿 등장하니 정사와 비교하며 봐야 공부가 제대로 될 것이다. 앞의 두 드라마와 딱 봐도 다른 제작소에서 만들었다는 게 느껴진다.

당시 기준으로 중국 드라마 사상 최대 제작비, 최고 시청률, 최초 영화 촬영 기법 드라마였다. 결과적으로도 2013년 당시 중국 내 최고 인기작이 되었고, 미국에도 선판매된 기록을 가지고 있다. 수당 교체기를 다룬 드라마로는 가장 화려한 출연진을 갖고 있다는 점도 이런 결과에 영향을 미쳤을 것이다. 우리나라 배우 장서희가 출연해 화제가 되었던 〈수당영웅〉과 교차해서 보는 재미도 있을 것 같은데 안타깝게도 〈수당영웅〉은 현재 볼 수 있는 채널이 없다.

〈양가장〉(1994)

배경	송나라 초기
회차	6부작
한 줄 요약	요나라 군에 대적한 송나라 양업 장군 일가의 목숨을 건 전쟁 이야기.

시청 포인트　송나라 장군인 양업 장군 일가의 이야기는《양가장연의》를 바탕으로 꽤 여러 차례 드라마와 영화로 만들어졌다. 양가장의 여장부들 이야기인 〈양문여장〉(2001)과 〈목계영괘수〉(2012)도 있고, 20년 전 꽃미남 배우들이 총출연한 〈소년양가장〉도 있다. 하지만 개인적으로는 20년 전 꽃미남 배우들보다 40년 전 꽃미남 배우들이 출연한 〈양가장〉이 더 뜻깊다. 포스터만 봐도 깜짝 놀랄 캐스팅인데 심지어 분량도 짧다. 6회 내내 익숙한 배우들이 야금야금 등장한다. 양조위, 유덕화(류더화), 장만옥(장만위), 유가령(류자링)…… 이 정도만 얘기하겠다. 분량이 짧다는 게 통탄스러워진다.

　2013년의 영화 〈천하칠검 양가장〉 역시 화려한 출연진을 보이는데 정소추(정사오추), 정이건(정이젠), 주유민(저우위민)…… 이 정도만 하겠다. 그래도 내 눈엔 40년 전 〈양가장〉이 더 설렌다.

4장

당나라의 두 얼굴

〈장안십이시진〉

장르	추리물
시대	당나라(당현종)
출연	뇌가음(레이자인), 이양천새(이양첸시), 주일위(저우이웨이)
방송 시기	2019년
방송 회차	48부작

천보 3년(744년) 상원절(정월 대보름) 당나라의 수도 장안, 카메라는 비파를 연주하는 짙은 화장의 여인과 연등이 즐비한 거리를 훑고 망루로 올라가 황제의 명을 전하는 붉은 옷의 관리를 비춘다. 잠시 멈춰 그가 전하는 황제의 명을 듣는다. "지금부터 내일 사시巳時까지 장안성의 통행금지를 잠시 해제하고 방문자는 어디에서 왔든 한 번의 검문으로 입성할 수 있으며, 지금부터 12시진[1] 내에는 자유롭게 통행할 수 있다." 시끌벅

---

[1] 한 시진은 2시간을 뜻한다. 따라서 12시진은 24시간을 가리키며, 그 이유로 〈장안십이시진〉의 원작이 《장안 24시》로 번역된 것이다.

적한 장안 시내를 벗어나 카메라는 급히 장소를 바꿔 어두침
침한 감옥으로 간다. 그곳에서 목이 묶인 채 질질 끌려가는 한
사내를 비춘다. 그의 이름은 장소경, 사형수이다. 그를 끌고
온 이는 기밀 기구 정안사의 책임자인 이필이며, 사면을 미끼
로 장소경에게 돌궐의 테러를 막아 줄 것을 제안한다. 이렇게
〈장안십이시진〉의 사건이 시작된다.

　　이 칙칙한 장면들은 그간 당나라를 배경으로 했던 드라
마들에서는 익숙치 않은 빛깔이다. 당나라를 배경으로 하는
드라마는 대체로 당태종, 측천무후, 양귀비를 주인공으로 하
여 밝고 화려한 색채를 보여 주는데, 이 드라마는 마치 예술성
높은 영화를 보는 듯 주인공이 등장할 때마다 화면이 칙칙해
진다. 그 점은 몰입을 방해하기도 했지만 또 낯설어 더 집중이
되기도 했다. 화려한 장안의 모습과 참혹한 전쟁의 현장, 기대
에 부푼 장안 백성들의 표정과 테러 집단의 비장한 태도의 대
비는 후다닥 생산하는 최근의 드라마들과는 비할 바 없이 단
단했다.

　　이 드라마에서 돌궐의 테러 집단을 진압하는 임무를 맡
은 정안사는 완벽하게 분업화된 기구로, 개개인의 뛰어난 업
무 능력이 모여 더 뛰어난 기구가 되었다. 정안사를 이끄는 이
필이나 정안사의 기술자 서빈이 보여 주는 완벽주의가 이를
대표한다. 이에 반해 사형수 장소경은 군인이자 장안의 치안

을 담당했던 불량수 출신으로, 직감이 곧 능력인 사람이다. 파워 J 집단인 정안사 관리들과 파워 P인 장소경이 만나서 어떻게 무시무시한 테러를 막아 낼 것인가? 그 과정을 긴박하게 보여 주는 것이 이 드라마의 강점이다. 하지만 내가 이 드라마를 당나라를 배경으로 한 작품으로 선정한 것은 작품성 때문이 아니라 이 드라마가 황실을 벗어난 당나라의 수도 장안을 배경으로 하기 때문이다. 대부분의 당나라 드라마들이 황실 밖을 벗어나지 않는 것에 비하면 이마저도 의미가 크다. 이 글을 다 써 갈 즈음 드라마 〈국색방화〉가 방영되기 시작했는데, 장안과 낙양 등 당나라 백성들의 삶을 보기에 역시 좋은 드라마였다. 최근 드라마 소재가 다양해지면서 황궁을 벗어난 드라마들이 늘어나는 추세인데, 〈장안십이시진〉은 그 문을 열었다고 할 수 있다.

〈장안십이시진〉의 배경이 되는 천보 3년은 당나라의 전성기가 갓 지난 시기로, 드라마에서는 엄태진으로 등장하는 양옥환이 귀비가 되기 1년 전이다. 당시 당나라의 수도 장안은 그간의 태평성세를 반영하듯 국제적이고 화려하며 온갖 문화가 융합된 곳이었다. 다른 드라마에서도 서역인들이 등장하지 않은 것은 아니지만 〈장안십이시진〉의 규모는 그와는 비교가 되지 않았다. 당나라의 미인들과 서역 무희들의 꾸밈이 공존했고, 말뿐만 아니라 낙타도 흔하게 돌아다닌다. 연등도 즐비하지만, 서역의 카페트들도 흔하게 널려있다. 이국적 종교 구역인 화원방이 독립적으로 운영되는 점도 신기했는데, 이번에도 중국사를 황실 중심으로만 봐 왔던 태도를 돌아보게 되었다. 덕분에 시야가 넓어졌다.

48부라는 길지 않은 분량이지만 밀도가 높아서 보는 내내 긴장해야 했다. 속고 속이는 일이 빈번해 딴짓하다 보면 내가 가장 많이 속았다. 회차마다 남은 시간을 알려 주는 컷을 넣어 긴장감을 주는 등 편집도 뛰어나고, CG 역시 감탄을 자아낸다. 평소 현실과 동떨어진 무협물이나 선협물을 선호하는 터라 이 촘촘함이 부담스러웠던 것도 사실이지만, 이번에 다시 보면서도 시간 아깝다는 생각은 전혀 들지 않았다. 오히려 당현종을 양귀비와의 관계로만 한정하지 않은 점이 새삼 좋았다. 뛰어난 연출력과 몸을 아끼지 않은 배우들, 섬세한 소품들과 깊은 맛의 대사들까지 기술 점수와 예술 점수가 모두 높은 드라마이다. 취향을 넘어 '웰메이드'라는 평가를 받는 작품이다.

〈장안십이시진〉의 원작은 마보용의 소설 《장안 24시》로, 나는 우연히 도서관에서 이 책을 보고 드라마보다 먼저 읽게 되었다. 하지만 초반에 장안의 구조와 이국적인 분위기를 묘사한 장면이 도무지 그려지지 않아서 애먹었다. 포기하기 전에 혹시 드라마로 만들어진 게 있지 않을까 찾아보다가 이 드라마를 발견한 것이다. 드라마를 보니 책 속의 활자들이 하나씩 장면으로 살아나 장안의 거리 풍경, 망루의 신호들, 108방의 높은 담과 큰 문들, 상원절 밤거리를 꽉 메운 등롱과 등루의 모습이 제대로 그려졌다. 비록 양옥환은 엄우환으로, 이임보는 임구랑으로, 고력사는 곽리사로 이름은 달라졌지만 실존 인물을 그린 것이라는 것도 숨기지 않아 공부하는 입장에서도 볼만했다. 다만, 개그맨 김대희를 닮은 당현종 캐릭터는 도무지 현실적이지 않아 정말로 김대희가 연기하는 개콘이 아닌가 싶을 정도로 몰입이 되지 않았다. 실존 인물이라 더 거슬렸는지도 모르겠다. 드라마는 드라마일 뿐 따지지 말자. 다른 배우들의 연기가 모두 보상해 준다. 특히 장소경 역할을 맡은 뇌가음의 액션 연기는 톰 크루즈 저리 가라는 듯이 열정적이다.

국제 도시 장안은 어디에?

'장안'이라는 지명은 꽤나 익숙하다. '수원시 장안구', '장안 벚꽃길', '장안의 화제' 등 일상생활에서 멀지 않은 단어다. 이때의 '장안'이 바로 당나라의 수도였던 '장안'에서 온 말이다. 우리나라 국립 국어원에서 제공하는 표준국어대사전에 의하면 장안은 '수도라는 뜻으로, '서울'을 이르는 말'이니 장안은 당나라를 벗어나 우리나라에서도 보통명사가 되었다. 당나라 장안은 수많은 사람과 다양한 문화가 융합된 국제 도시였으며, 세계 3대 고대 도시라 불릴 만큼 대도시였다. 그런데 이런 장안을 현대 중국 지도에서는 찾을 수 없다. 장안이라는 이름은 사라지고 그 주변을 포함해 시안西安이라는 이름으로 변했다. 명나라의 베이징도 송나라의 카이펑도 지도에 다 있는데 왜 장안은 그 이름을 유지하지 못한 걸까? 그전에 먼저 장안이 어떤 도시였는지 살펴보자.

옛말에 이르기를 '관중을 얻는 자 천하를 얻는다'고 하였다. 뭔가 '○○을 얻는 자 □□를 얻는다'는 밈이 이어질 것 같은 라임이다. 아무튼 예로부터 한나라 유방을 비롯한 많은 이들은 관중을 차지하기 위해 힘을 겨뤘으니 관중에 위치한 장안이 한 나라의 수도가 되는 것은 지극히 자연스럽다. 장안을 쳐들어오는 거의 유일한 길목으로 함곡관이라는 곳이 있는데, 장안을 둘러싼 지형을 알고 나니 중국 드라마에서 왜들 그렇게 '함곡관, 함곡관' 했었는지 비로소 이해가 된다. 이전까지는 함곡관이 아니라 에버랜드 로스트밸리여도 아무 상관없었는데, 지형을 알고 나니 함곡관은 유일무이한 곳이 되었다. 이 함곡관의 동쪽을 '중원' 지역이라 부르며, 이는 옛날에는 중국과 동의어였다. 그 중원에 당나라의 부수도였던 낙양이 위치한다. 함곡관을 사이에 두고 동쪽에 낙양, 서쪽에 장안을 품은 당나라의 번영을 상상해 보라. 천연 요새에 풍요로움이 그득한 당나라의 풍경이 그려진다.

당시 로마의 인구가 10만이 안 된 것에 비해 장안의 인구는 100만 명에 달했다고 하며, 때문에 장안을 유럽의 콘스탄티노플, 바그다드와 더불어 세계 3대 고대 도시로 꼽기도 한다. 이렇게 장안이 당시 세계 최대 규모의 도시가 된 것은 앞서 말한 지리적인 이유만은 아니다. 장안이 좀 더 특별한 것은 요즘 신도시처럼 계획된 도시였다는 점이다. 수나라의 수문제는 궁성과 백성의 거주 지역을 구분하고 싶어 도시의 건설을 지시하였고, 그 지시에 따라 장안성이 건설되기 시작했다. 장안성은 당나라에 이르러 완성되었는데, 가운데 주작대로를 기준으로 동서쪽에 각 54개의 방, 총 108방을 두고 각각 안에 시장 동시東市와 서시西市를 대칭적으로 배치했다.[2] 각 방은 그 안에 집과 가게, 절 등이 있었으니 현대의 도로명 주소로 변환하면 '~길' 정도로 볼 수 있을 것이다. 동쪽에는 주로 권문세가들이 살았고 서쪽은 상인들이 살아 서역과의 교류는 주로 서시에서 행해졌다. 〈장안십이시진〉은 이 서시를 중심으로 사건이 진행되지만 간간이 동쪽 지역도 등장하니 가능하다면 장안성의 지도를 한 번 봐 두는 것도 나쁘지 않다. 〈국생방화〉에서는 동시와 서시의 차별적인 모습도 볼 수 있다.

중국사에서도 장안은 북경, 남경, 낙양과 더불어 중국의 4대 수도로 불리는데 그중 가장 서쪽에 위치하여 다른 말로는 서경이라고도 부른다. 서경 중에도 서쪽에 있던 서시西市는

---

2   장안성 전체는 바둑판 모양의 계획 도시(격자형)였다. 108방은 황궁을 포함한 영역을 제외한 일반 거주 구역이었으며, 이는 엄격한 통제와 계획성을 상징한다. 발해의 수도 상경성도 이러한 도시 계획을 반영하여 설계하였다. [감수자 주]

실크로드의 시발점이자 종착역으로, 다양한 민족이 오가기에 좋았다. 하지만 편리한 만큼 불안감도 공존한 장소였다. 그래서 그런지 그 안에서 사람이 죽어 나가도 밖에서는 전혀 알지도 못할 만큼 각 방들은 높은 담으로 둘러싸여 있었다. 드라마를 보면서 산도 아니고 도시 한가운데에서 망루가 운영된다는 게 의아했었는데 높은 담장을 보니 절로 이해가 되었다. 감시도 심하고 평소엔 야간 통행금지까지 있었으니 상원절에 느끼는 해방감이 얼마나 컸을지 짐작이 간다. 상원절의 화려한 야경은 반대하는 결혼에 더 불타오르는 사랑처럼 통제를 벗어난 백성들의 욕망을 반영하는 듯 했다. 이렇게 엄격하게 관리되고 화려했던 장안이 무너져 현재는 유적마저도 땅속에 묻혀있다고 하니 씁쓸하다. 그때의 번영은 드라마로나 느껴야 하나 보다.

장안이 역사 속으로 사라진 것은 당나라말 황소의 난으로 장안성이 함락당하면서부터이다. 하지만 황소의 난이 실패했는데 왜 장안을 복원하지 않은 걸까? 어차피 만들어진 도시인데 두 번은 못 만들까? 안타깝지만 황소보다 더한 주온이라는 사람이 있었다. 황소의 난 때 당나라에 충성해 주전충이라는 이름까지 하사받았지만 황소가 죽고 나니 돌변하여 당나라를 유린했다. 주온이 당나라를 멸망시키면서 장안을 남김없이 파괴했다.[3] 낙양은 그보다야 나았지만 별반 다르지 않았다. 이때부터가 오대십국 중 후량의 시작이며, 장안과 낙양의 시대가 저물고 개봉이 새로운 도읍지로 등장하는 순간이다. 폭군, 살인마, 도살자라는 별칭에 어울리는 주전충이 얼마나 장안을 궤멸했는지 이후 장안이라는 이름은 더 이상 공식적으로 등장하지 않는다. 세상에 별 미치광이가 다 있다.

장안은 사라졌지만 현재 시안에는 화려했던 장안의 모습을 추억할 수 있는 관광지들이 조성되어 있다. 서유기로 알려진 현장 법사가 인도에서 가져온 불교 경전을 보관한 대안탑이나 당현종이 양귀비를 위해 건설한 온천인 화청지, 수당시대 정원 터에 조성한 테마파크인 대당부용원 등. 하지만 가장 특별한 것은 아무래도 회족거리가 아닐까 한다. 회족이란 당나라 시절 중동에서 온 이슬람 상인들이 중국 현지에서 가족을 이루며 만들어 낸 새로운 민족으로, 회족거리는 그 후손들이 현재까지 지키고 있는 지역이다. 드라마 곳곳에서 낙타를 끌고 터번을 쓴 이슬람 사람들을 흔하게 볼 수 있었는데 그들이 사는 회족거리가 아직까지 남아 있다는 것이 장안의 옛 번영이 거짓이 아니라는 걸 보여 주는 듯 하다. 중국을 여행하면

---

3   주온은 당나라의 절도사 출신으로, 그의 철저한 파괴로 장안은 수도로서의 기능을 완전히 상실하고, 이후 수도는 동쪽의 낙양과 개봉으로 옮겨지게 된다. 그가 당 멸망 후 후량後梁을 세우며 오대십국五代十國 시대의 문을 열었다. [감수자 주]

서 장안을 가보고 싶다는 생각을 한 적은 없었는데, 최근 〈장안십이시진〉을 비롯하여 〈국색방화〉, 〈주렴옥막〉, 〈당조궤사록〉 등의 드라마를 보고 나서는 옛 장안의 번영을 직접 느껴보고 싶어졌다. 회족거리에서 먹거리 투어도 필수 코스로 넣어서 말이다.

당나라의 밤은 낮보다 밝다?

〈장안십이시진〉은 상원절을 배경으로 한다. 상원절은 우리나라로 치면 정월대보름인데 일반적으로는 원소절이라고 불린다. 원작 소설 《장안 24시》에도 원소절로 번역되었다. 우리가 이날 오곡밥을 먹고 달집을 태우는 등 전통을 지키듯, 중국도 원소를 먹는 등 원소절만의 풍습이 있지만 이방인의 눈에 이날은 무엇보다도 등불로 상징된다. 물론 등불들이 원소절에만 등장하는 것은 아니다. 많은 드라마에서 등불은 연등회, 화등축제라는 기념일을 배경으로 등장해 남녀 주인공들이 사랑을 속삭이는 매개체가 된다. 그래도 원소절이 배경일 때가 제일 화려하다. 이를테면 원소절 밤 어느 다리에서 우연히 만난

남녀가 언제 싸웠냐는 듯 다정하게 토끼 모양의 등불을 들고 다니는 장면같은. 더 나아가 갑자기 남자 주인공이 하늘을 가리키면 밤하늘 가득 폭죽이 터지는. 이때 폭죽의 양을 현대의 가치로 따지자면 아파트 몇 채는 금방 사라질 정도이니 아무리 드라마라고 하지만 과장이 심하다. 배가 아파서 한 번 따져봤다.

원소절原宵節의 뜻을 글자 그대로 풀이하면 '근본이 되는 밤의 명절'인데, 이는 새해 첫 보름달이 뜨는 밤을 가리킨다. 한문제 때 여태후 일가를 몰아낸 날을 기념하여 시작되었으며, 이날 등불을 밝히는 전통은 후한 명제 시기에 만들어졌다고 전해진다. 시간이 흐를수록 등불은 모양과 형태가 다양해져 당현종 시기에는 다양한 등롱을 파는 시장인 등시가 생겼고, 송나라 때에는 등롱에 수수께끼를 매달아 풀게 하는 문화도 생겼다. 이날 당나라의 밤은 낮보다도 밝았을 것이며 그 휘황찬란한 밝음을 〈장안십이시진〉에서 원없이 볼 수 있다. 정말 거대한 등이 등장하니 기대하시라!

등불 중엔 풍등風燈이 대표적인데 고장극 아무 로맨스물이나 봐도 나올 만큼 중드에선 흔한 소품이다. 최근에 본 가장 인상 깊은 풍등 장면은 드라마 〈창란결〉로, 데면데면했던 두 사람의 마음에 풍등이 몰랑몰랑함을 불어 넣었다. 풍등은 제갈공명이 구원을 요청하는 신호로 날린 것에서 시작되었다고 하는데 지금은 염원이나 관광 상품으로 쓰인다. 대만에서 풍등을 날리던 날, 소원을 빌다가 문득 산불이 걱정되었다. 숙소로 돌아가는 길에 가이드에게 이를 말하니 그는 산불보다는 산 쓰레기가 더 걱정이란다. 이후로는 하늘을 가득 메운 풍등 장면을 보면 아름답다는 생각보다는 중드에서 보는 풍등 장면이 실제 장면이 아니라는 것이 다행스러웠다. 아무래도 내 낭만 세포는 모두 죽었나 보다.

풍등 외에도 중드에서는 다양한 등불을 볼 수 있다. 건물이나 거리에 걸어 두는 등불을 등롱燈籠이라고 하는데, 드라마 〈구의인〉에서 주인공 맹완은 친구의 복수를 다짐하며 등롱을 만들고 거기에 글귀를 적어 복수의 내용을 암시한다. 〈부도연〉에는 등롱왕이라는 별명을 가진 인물이 등장하는데, 등롱 만드는 솜씨가 좋아서 사랑하는 여인을 위해 등롱을 만들어 선물한다. 비록 그 여인은 그의 애정은 거부하며 등롱만 봐도 질색하는 듯 했지만 나는 등롱왕 덕분에 그 시절엔 등롱을 직접 만드는 일이 익숙한 일이라는 것은 알 수 있었다. 각자 만든 등롱을 만들어 밤거리에 쭉 걸어 둔다면 그 모양은 얼마나 다양할 것이며, 태양도 이게 웬일인가 싶게 밝을 것이다. 송나라 때에 시작한 등롱 수수께끼는 이름 그대로 등롱에 수수께끼를 쓴 종이를 붙여 답을 맞히는 것인데, 드라마 〈군구령〉에서는 사람 키보다도 한참 큰 대형 등에 바둑판을 그려 넣고 바둑 문제를 내어 사람들을 모았다. 참으로 창의적이다. 하긴 〈장안십이시진〉에서는 거대한 불상 안에 화약을 넣기도 하는데 바둑판 쯤이야.

〈군구령〉 이야기를 한 김에 화등花燈도 알아 보자. 원소절 밤에는 이름처럼 예쁘고 다양한 모양의 등불을 아이부터 노인까지 손마다 들고 다닌다. 등불을 들고 다니다가 좋아하는 이성에게 건네주면 고백의 의미가 되었다고 한다. 〈군구령〉에서는 그걸 몰랐던 구령이 아무 생각없이 녕운소에게 화등을 건네는데, 이때 녕운소가 김칫국 한 사발 먹었던 게 녕운소의 잘못은 아니었단 말이다. 원소절의 다양한 등불 풍경이 어떤 것인지 아직 감이 안 온다면 말랑말랑한 제목의 고장극을 한 편 골라 보는 건 어떨까? 대충 아무 드라마를 골라도 등불은 반드시 등장한다! 등불이 등장하지 않는 고장극을 찾는 게 더 어렵다.

이 외에도 유등油燈이 있는데, 우리나라도 임진왜란 때 군사 신호로 유등을 사용한 것을 기념하며 매년 진주남강유등축제를 하고 있다. 중드에서 유등은 흔히 소원배라는 형태로 등장한다. 유등을 떠올리니 이번엔 수질 오염이 걱정된다. 일단 다시 한번 CG의 발달에 감사한다. 드라마에서 유등이 등장하는 장면은 비교적 패턴이 있다. 남녀가 각각 소원배에 소원을 적어 물에 띄우고는 서로 뭘 적었는지 다 알면서도 모르는 척 물어보는 것 같은. 아파트 한 채 날아가는 폭죽 신에 이은 중드의 애정 공식 중 하나이다. 원소절은 이 모든 것이 허용된 날로 공식적인 고백 데이인 셈이다. 물론 거절당하면 Go Back⋯⋯.

중국에는 원소절에 앞서 중국 최대 명절인 춘절이 있어 이 둘을 연달아 축제 기간으로 운영하는 곳이 많다. 그래서 춘절과 원소절 사이에 중국 관광을 가면 볼거리가 많다고들 한다. 드라마에서만 보던 등축제를 직접 보면 얼마나 황홀할까? 누가 나 좀 원소절 투어에 데려가 주면 좋겠다. 〈장안십이시진〉 38회에는 이런 대사가 나온다. "장안에서 가장 큰 행사는 상원절 연등회다. 장안 사람은 꽃등을 잘 만들지. 연등이 환해지면 다들 한껏 꾸미고 밖을 나간다. 성안의 꽃등이 다 켜지면 어두운 골짜기가 대낮처럼 밝아지고 100리 밖까지 환히 환해져서 달빛도 빛을 잃지. 그렇게 당나라의 강성함을 보여 주는 거야. 변방에서 죽은 병사들 이름은 모두 꽃등에서 볼 수 있다." 하지만 전쟁에서 죽은 자기들의 이름을 기억하는 이들은 없을 거라는 말과 함께. 장안의 아니 이 세상의 모든 밝음은 한편에서 누군가가 목숨을 걸고 지킨 결과일 수 있다고 느꼈다면 너무 멀리 간 걸까? 등불은 아름답지만, 그 아름다움을 누릴 수 있다는 것에 감사하는 마음이 더 아름답지 않을까? 장안의 원소절 밤은 그런 아름다운 밤이었을까? 장안의 높은

담벼락과 망루를 떠올리니 마음이 복잡해진다. 그렇다면 지
금 나의 밤은, 아름다운 밤일까?

당나라 최신 유행 화장법은?

화려한 장안의 이모저모를 소개하자니 장안의 미인들을 빼놓을 수가 없다. 당나라는 측천무후와 양귀비라는 미인으로도 유명한 시대이지 않은가? 국제 도시 장안의 미용품들은 이전 시대와는 비교할 수 없이 다양했을 것이다. 그간 〈양귀비비사〉나 〈무미랑전기〉 등에서 본 여인들이 이마에 붉은 문양을 찍고 우아하게 아름다움을 뽐내던 것이 떠올랐다. 그런데 〈장안십이시진〉에서 보는 여인들은 한껏 꾸몄다는 점은 다른 드라마 속 양귀비나 무미랑과 같았지만, 뭐랄까, 아름답지를 않았다. 아름답기는커녕 기괴할 정도였다. 아무리 미의 기준은 시대에 따라 달라진다지만 그녀들의 치장은 화장하는 데에 10분을 넘기지 않는 내 눈에는 미적분보다 어려운 세계였다. 〈장안십이시진〉이 뭘 잘못 안 건 아닐까? 하지만 이내 알게 되었다, 〈장안십이시진〉이 고증을 제대로 한 것이라는 사실을. 오히려 〈무미랑전기〉나 〈양귀비비사〉의 여인들이 현대의 미를 기준으로 편집한 가짜라는 것을! 이마에 꽃무늬만 붙여서는 당나라 최신 유행의 발끝도 따라오지 못한다. 도대체 당나라에는 어떤 유행이 퍼졌던 것일까? 미적분의 세계에 도전하는 심정으로 당나라 화장법을 알아 보기로 했다.

앞서 언급한 당나라 화장법의 가장 대표적인 꾸밈인 화전花鈿은 양 눈썹 사이에 붉게 꽃무늬를 붙이는 것으로, 당나라 배경뿐만 아니라 가상 왕조를 배경으로 한 드라마에서도 쉽게 볼 수 있다. 그만큼 여성의 아름다움을 돋보이는 장식으로 효과가 좋았다는 뜻이다. 나 역시 다양한 화전을 볼 때마다 당나라 여인들의 미적 감각에 감탄하며 현대에 유행시켜도 통할 것 같다는 생각을 자주 했다. 화전의 유래는 여러 가지가 있지만 그중 하나는 남북조 시대까지 올라간다. 한 공주가 자다가 일어나 머리에 앉은 매화꽃을 털어냈는데, 그 꽃잎 자국이 이마에 남았던 게 너무 예뻐서 다들 따라 했다는 설이다. 전설도 아름답지만 드라마에서 본 꽃무늬, 구름 무늬, 기하학적 무늬 등 다양한 문양들이 참 아름다웠다. 화전의 재료는 종이부터 금박, 잠자리의 날개까지 이마에 얇게 붙기만 하면 다

가능했다고 하니 창의성도 대단하다. 〈당조궤사록〉에는 이 금박이 사건의 단서가 되기도 하니 잘 떨어지기도 한 모양이다. 아무튼 이 다양한 재료들을 얼굴에 붙이고 다녔다니 당나라 여성들의 미에 대한 열망이 정말 대단해 보인다. 하지만 감탄은 이르다. 이건 앞으로 소개할 다른 화장법에 비하면 소박하다고 할 정도이다. 감이 오지 않는다면 이 글을 읽기 전에 검색창에 '당나라 화장법'을 넣어 검색해 보라. 화전은 그저 화장법 중 극히 작은 한 부분에 불과하다는 것을 확인할 수 있다.

상하이무형문화유산보호협회장인 가오춘밍의 저서 《역대 중국 여성들의 화장(원제: 中国历代妇女妆饰)》에는 당대 여성 화장 순서를 7단계로 하여 표로 그려 두었다. 우리도 그 단계에 따라 한 번 당나라 미인이 되는 방법을 배워 보자. 1단계는 분 화장으로, 당시 유행하던 분칠은 피부톤의 분칠이 아니라 일본의 가부키 분장에 가까웠다. 일본에서 당나라로 견당사를 보냈다더니, 일본의 분칠이 당나라로 전해졌거나 당나라의 분칠이 일본으로 전해진 모양이다. 〈국색방화〉에서는 머리 모양까지 일본 전통 여성을 보는 듯하게 꾸민 여성들이 적잖이 등장하는 걸로 보아, 아무래도 교류의 결과물이 맞는 듯 하다.

2단계는 볼 화장인데, 우리가 생각하는 볼터치 그 이상의 볼터치이다. 또다시 스마트폰을 들어 검색 엔진에 '홍장紅妝'을 검색해 보라. 내가 말한 뜻을 금방 이해할 것이다. 마치 경극의 분장을 보는 듯 얼굴을 벌겋게 칠한 홍장은 내 눈엔 런닝맨 멤버들도 꺼릴 벌칙처럼 보인다. 말 그대로 볼에 터치만 겨우 하는 나로서는 걸그룹의 붉은 볼도 따라할 엄두가 안 나는데 홍장을 보고는 입이 딱 벌어졌다. 양귀비도 홍장을 선호했다고 하니 절세가인들만의 세계가 따로 있나 보다.

3단계는 눈썹 그리기이다. 중드에서는 남자가 사랑하는 여인의 눈썹을 그려 주는 장면이 종종 나온다. 한무제 때 장창이라는 관리가 아내의 눈썹을 그려 준 후에 출근한다는 이야기가 《한서》에도 기록되어 있다. 참 로맨틱한 장면이다. 그런데 로맨틱을 넘어 당현종은 여성의 눈썹에 대해 애착이 심해 10가지 선호하는 눈썹 디자인[4]도 가지고 있었다고 한다. 과하다 과해! 아마 중국인들에게 여성의 눈썹은 단순한 신체 부위는 아니었던 모양이다. 여성들도 눈썹에 신경을 많이 써 당나라 때에는 비취색으로 눈썹을 칠하는 것도 유행하였다고 하니 현대의 화장에도 전혀 뒤지지 않는 개성이다.

4단계가 앞서 말한 화전을 붙이는 단계이고, 5단계는 면엽을 찍는 단계이다. 면엽은 보조개가 있을 위치에 붉은 점을 찍는 것이다. 이마에 화전을 붙이고, 보조개에 면엽을 찍고,

---

4　당현종은 여성들의 화장 중에도 눈썹 화장을 중시하여 화공을 시켜 십미도十眉圖라는 10가지 눈썹 도안을 그리게 하였다.

볼에 추가로 엽전이라는 장식까지 모두 완료한 얼굴을 상상하니 아이들이 어릴 때 함께 얼굴에 붙이고 놀던 스티커 놀이가 생각난다. 거기에 6단계인 사홍斜紅을 하면 감히 범접할 수가 없다. 사홍은 관자놀이 부근에 피 흘리는 것 같이 붉은 선을 그려 넣은 것인데 과연 이 모든 것을 한 얼굴이 정말 아름다운 게 맞는 걸까? 알면 알수록 아름다움의 세계는 참으로 범접하기 어렵구나!

마지막 단계는 입술 연지 바르기로 현대의 입술 화장과 크게 다르지 않다. 놀라운 점은 당나라 시기에 작은 입술이 유행이라 연지를 바르기 전에 분으로 입술색을 다 지운 후에 입술을 작게 그렸다는 부분이다.아니 그때 벌써? 하늘 아래 새로운 것은 없다더니 화장법이 이렇게 오래전부터 있어 왔다는 게 놀랍다. 얇은 입술이 유행하던 때에 도톰한 입술 때문에 놀림을 받아 나 역시 입술색을 공들여 지웠던 기억이 있는데, 그게 당나라에서 이미 시작된 것이라니! 중드에서는 입술연지를 파는 가게들도 자주 등장하는데, 사랑하는 여인을 위해 입술 연지를 고르는 남자들의 모습은 사랑하는 여인의 눈썹을 그리는 때와 마찬가지로 낭만적이다. 여인들은 이 연지를 어떤 때에는 손에 찍어서 바르고 어떤 때에는 색지를 입술에 물어 입술을 물들이곤 한다. 아름다움에 대한 다양한 궁리가 느껴진다.

4장 당나라의 두 얼굴

그나저나 당나라 여인들의 화장 이야기를 이렇게 늘어놓자니 만약 내가 당나라로 간다면 어떤 삶을 살아야 하나 고민이 된다. 물론 굳이 안 해도 되는 고민이다. 하지만 굳이 해 보자면, 절세가인은 내 노력으로는 따라가기 어려울 듯하니 그 대신 시장에서 클렌징 제품을 갖다 팔 것이다. 하루에 한 통씩은 써야 할 테니 말이다. 전국사공자 팬덤을 위한 풍선 장사를 하는 것보다 잘될 것 같다.

이 모든 화장을 한 예가 신장 박물관의 비단 치마를 입은 여인상이다. 이미지를 보니 더 고개가 저어진다. 이걸 굳이 왜 하는 거지? 시간도 돈도 많이 드는 일이니 아름답지 않다고 생각했다면 하지 않았을 일이다. 그러니 당시 여인들에겐 진심으로 이 진한 화장이 아름다워 보였다는 뜻이다. 자기 자신을 아름답게 꾸미고 싶어하는 마음이 이해가 가면서도 한편으로는 안쓰럽다. 서로 글재주를 뽐내려 애쓴 남자들에 비해 여성들은 미모로만 자신을 뽐내야만 했다는 반증이기도 하기 때문이다. 이 정도면 가면이 아닌가? 모두 비슷한 가면을 쓰며 무엇을 드러내고 무엇을 감추려던 것일까? 이 기괴할 정도로 다양한 화장법이 그녀들이 그 시대에 할 수 있었던 최선이었다는 생각이 들면 나라도 그녀들의 최선을 어여삐 봐 주어야겠다며 생각을 고쳐먹게 된다. 그러고 보니 음, 그렇게 나쁘지만은 않아 보인다. 당나라 배경의 드라마 〈국색방화〉에서는

고증에 딱 맞다고는 할 수 없지만 절충안을 잘 찾아서 보기에
거부감이 들 정도는 아니었다. 꽤 아름다워 보이기도 했다. 내
가 원래 정신 승리 영재다!

돌궐, 도르궐, 토르퀄, 튀르크?

〈장안십이시진〉에는 당나라 7단계 화장법을 마친 여인들과 달리 화장기 하나 없는 잘생긴 여인이 1명 등장한다. 바로 돌궐의 살수 어장이다. 어장은 남자 전사들보다 몇 곱절은 대단한 싸움 실력을 가진 여성 살수로서, 이번 테러의 기획자인 용파를 제외하고는 그녀의 공격력을 저지할 사람이 없다. 돌궐인들까지 끌어들이면서 장안을 초토화시킨다는 협박을 했지만, 사실 용파는 본디 장소경과 같은 군단 소속이었던 당나라 사람이다. 즉 당나라 장안을 지키려고 했던 당나라 군인이었다. 그런 그가 왜 장안에서 테러를 일으키려는 것일까? 그 이야기는 드라마를 보며 알아 보도록 하고, 이 부분에서 의문이든 점이 있다. 바로 돌궐족이 이 남자의 무엇을 믿고 테러 작전에 목숨을 걸고 동참했느냐는 점이다. 이를 테면 용파의 큰 그림에 하나의 도구로만 사용된 셈인데, 너무 조급한 동참은 아니었을까? 결론부터 말하자면, 조급함이 맞았다. 당시 돌궐은 굉장히 조급한 상태였다.

흉노가 왠지 훈족일 것만 같은 것과 마찬가지로 돌궐도 발음을 여러 번 굴리다 보면 튀르크에 가닿는다. 빙고! 돌궐은 튀르크Türk를 음차한 것이다. 이름에서 짐작할 수 있듯이 현재 튀르키예의 조상 민족이며, 지금도 국명이나 지명에 투르크 비슷한 발음이 있는 지역은 돌궐족과 관련이 깊다. 여러 유목 부족 중의 하나였다가 552년 독립하여 745년까지 존재했다. 한나라에 흉노가 늘 그림자처럼 있었다면, 당나라 시기에는 북방에 돌궐이 늘 있었다. 그냥 있었던 게 아니라 몽골제국이 등장하기 전까지는 유목 제국의 최강자였다.[5]

---

5   흉노가 훈족이고, 돌궐이 투르크라는 명확한 근거는 없어 확실한 단정은 어렵지만, 흉노의 중국어 발음과 훈Hun의 이름이 음운학적으로 유사하다. 중국 기록을 보면 기원전 1세기 북흉노가 한나라에 패하고 서쪽으로 이동한다. 이후 동유럽에서 훈족이 나타나 로마 제국을 위협했다는 부분에서 북흉노의 서쪽으로의 이동 및 훈족 형성으로 추정할 수 있다. 하지만 훈족을 흉노 전체로 보기보다는 흉노의 후예이거나 흉노의 영향력 아래에 있던 집단으로 볼 수도 있다. 돌궐은 자신들을 튀르크라고 칭하고 중국 문헌에서 돌궐로 음차된 명칭이 튀르크어족을 지칭하는 명칭이라고 본다. 오르혼 비문에는 고대 튀르크어로 기록되어 있어 돌궐이 튀르크 민족임을 나타낸다고 볼 수 있다. [감수자 주]

돌궐은 중국 남북조시대에 북제와 북주의 다툼에서 두 나라 모두에게 조공을 받으며 이익을 취했고, 수나라 건국에도 관여할 만큼 영향력이 컸다. 당고조 이연은 수나라를 무너뜨리기 전에 혹시나 그 틈에 돌궐이 쳐들어올지도 몰라 미리 돌궐과 화친부터 맺었다. 그런데 말이 좋아 화친이지 조공에 가까웠다. 장안 땅의 물자는 돌궐이 맘대로 갖는다는 불리한 조건이었으니 이연이 어지간히 급했던 모양이다. 돌궐은 중국 물자들의 우수함을 알고 있어 물 만난 물고기 마냥 장안을 약탈했다. 당시 당나라는 저지할 힘이 없어 그저 빼앗길 뿐이었다.

한무제가 흉노의 갑질을 용납할 수 없었듯 당태종은 돌궐을 제거하기로 결심했다. 당태종 이세민은 돌궐의 약탈을 막기 위해 이간질을 사용했다. 돌궐 주변국들을 구워삶아 돌궐이 약해진 틈에 쳐들어가 무너뜨렸다. 이로 인해 당태종은 당나라 황제임과 동시에 돌궐의 '천가한天可汗'이 되어 두 민족의 최고 지도자가 되었다. 당나라가 동돌궐, 서돌궐을 차례대로 무너뜨렸지만 돌궐이 한 방에 멸망한 것은 아니었다. 유목민족은 쉽게 사라지지 않는다. 무너질 듯 했지만 돌궐은 부활하여 당나라에서 독립하여 '돌궐 제2제국'을 세웠다. 하지만 오래가지 않았다. 이번엔 위구르가 돌궐을 무너뜨렸고, 이때 돌궐은 진짜로 멸망한다. 〈장안십이시진〉의 테러 사건이 일어난 그다음 해의 일이다.[6] 그러니 〈장안십이시진〉에서의 놀궐은 무척 다급한 상황이었다. 조급한 결정과 몸부림이 이해가된다. 이판사판의 심정이 아니었을까? 하지만 결국은 한 사나이의 복수의 도구가 되었을 뿐이니 가엾기도 하다.

이렇게 사라지지만 돌궐은 한때 북방 유목의 최강자였으며 이전의 유목 민족에겐 없던 문자를 만들어 낸 문명국이었다. 그 문자 덕분에 우리가 돌궐의 역사를 알 수 있는 것이다. 문자가 이렇게 귀한 것이라니 세종대왕님께 다시 한 번 감사를 드려야겠다. 거란이나 여진과 마찬가지로 돌궐도 우리나라 역사에 등장한다. 당나라 시기 우리나라는 삼국시대로, 초반에 돌궐은 고구려와 사이가 좋지 않았다. 왜냐하면 돌궐이 유연이라는 나라를 무너뜨리고 제국을 건설했는데, 당시 유연이 고구려와 사이가 좋았기 때문이다. 하지만 이후 공공의 적인 수나라에 함께 대항하면서 사이가 좋아졌다. 이 연합에 감정이 상해 수양제가 고구려 정벌에 집착했던 것이다. 수나라가 왜 이렇게 무리하게 고구려를 침입했나 했더니 이런 사정이 있었구나! 고개가 절로 끄덕여진다. 집착하면 원래 끝이

---

6   돌궐 제2제국(682년~744년)은 고대 튀르크 문자로 쓰인 돌궐 비문Orkhon Inscriptions을 남겨 그들의 역사를 알 수 있게 했다. 이 드라마의 시점인 천보 3년(744년)은 실제로 제2제국이 위구르에게 멸망하기 직전의 해이므로, 드라마 속 돌궐 세력의 절박함과 혼란은 역사적 사실과 잘 부합한다. [감수자 주]

안 좋다. 수나라가 멸망한 후에는 당나라를 견제하기 위해 돌궐과 고구려, 돌궐과 발해가 연합하기도 하였는데 이 내용은 한국 드라마 〈대조영〉에도 잠깐 등장한다. 지금 튀르키예가 돌궐족 유전자를 얼마나 가지고 있는지는 모르겠지만 한-튀의 정상들이 만나 1,500년의 관계를 운운하며 훈훈한 분위기를 연출하는 건 바로 이런 배경을 갖고 있다.

안타깝게도 〈장안십이시진〉에서는 멸망 직전의 돌궐족들만 등장해 다소 꼬질꼬질하여 시청자들이 돌궐족을 오해할 소지가 많다. 하지만 당태종 시대를 배경으로 하는 드라마 〈장가행〉에 등장하는 돌궐 귀족 아시륵준을 보면 생각이 달라질 것이다. 아시륵준은 무려 남자 주인공이며, 그의 옷차림과 말을 경험하면 한때 돌궐이 당나라에 결코 뒤처지지 않는 경제력과 국력을 가진 나라였다는 것을 느낄 수 있다. 물론 그보다는 아역 배우의 올바른 성장 사례로 보아도 좋을 우레이의 매력을 더 많이 느낄 테지만 말이다.

당현종 혼자 흥망성쇠!

돌궐 제국이 당현종 시기에 완전히 멸망했으니 당현종은 더이상 걱정이 없을 것만 같다. 그런데 〈장안십이시진〉에서 등장하는 당현종을 보면 당현종 자체가 걱정 덩어리이다. 흔히 이런 왕을 암군이라고 표현하는데 그렇다면 당현종은 암군이었을까? 중국의 3대 태평성세로 한나라 문경지치[7], 청나라 강옹건성세[8], 당나라 개원지치[9]를 꼽는다. 그러니까 한무제, 건

---

[7]   한나라 한문제, 한경제 시기 안정된 시기를 문경지치文曒之治라고 일컫는다.

[8]   청나라 강희제, 옹정제, 건륭제 시기를 강옹건성세康雍乾盛世라고 일컫는다.

[9]   당나라 현종이 즉위에 오른 후 연호를 개원이라 불렀던 30년간을 개원지치開元之治라고 일컫는다.

류제, 당현종는 중국의 태평성세를 이끈 명군 혹은 성군이었다는 뜻이다. 아니 아들의 아내를 빼앗아 귀비로 삼았다는 패륜 황제가, 반란을 피해 도망갔다던 그 찌질한 황제가 암군이 아니라 명군이란 말인가? 의아하지만 사실이다. 나 역시 당현종보다 양귀비를 먼저 알았기에 당현종이 당연히 암군이라고만 생각했는데, 중국 드라마 〈여인천하〉에서 이융기(당현종의 이름)의 모습을 보고 머리가 복잡해졌다. 드라마 속 이융기는 누가 봐도 차기 성군감이었다. 젊은 날에는 명군이었다가 나이가 들며 암군의 길로 가게 된 걸까? 이에 대해 〈장안십이시진〉 막바지 41부에서 한 원로대신이 당현종에게 목숨 걸고 간언하는 부분이 답이 될 듯하다. 요약하면, "젊은 땐 너 안 그러더니 늙어선 도대체 왜 그러냐?" 이런 내용이었다. 이러한 비판에도 당현종은 다음 해에 양옥환을 양귀비에 봉하고, 이임보와 양국충이라는 간신의 말에 의지하다 결국 '안사의 난'으로 황제에서 물러난다. 〈장안십이시진〉에서 당현종을 정신 차리게 하려고 용파가 정말 엄청나게 골탕을 먹였는데도 정신을 못 차린 모양이다.

당현종이 젊을 땐 명군이었다고 하지만 현종이 황위를 이어받을 때 당나라는 이미 태평성세였다. 태평성세의 문을 연 이는 앞서 돌궐을 무너뜨린 당태종 이세민이었다. 이세민은 당고조의 차남이라 태자는 아니었는데, '현무문의 변'을 통해 형제를 죽이고 황제가 되었다. 하지만 이런 패륜 행위에도 불구하고 나라 안팎으로 안정을 가져온 공을 높이 사 그의 치세 기간을 특별히 '정관지치貞觀之治'라고 불러 후대는 칭송한다. 특히 그가 재상 위징과의 대화가 담긴 《정관정요》는 지도자들의 교과서로 불린다. 당태종을 이은 측천무후 역시 도덕적 논란은 있으나 백성들에게는 태평성세를 주었다는 평가를 받는다. 그러니 당현종이 물려받은 당나라는 유지만 해도 중간은 가는 셈이었다. 다행히 젊은 당현종은 총명하고 인내심이 많았으니 당나라의 번영은 유지될 수 있었다. 하지만 연호를 개원에서 천보[10]로 바꾸면서부터 당나라는 기울어 간다. 이름 탓인가? 혹시 당현종이 태평성세를 만든 게 아니라 그는 그저 태평성세라는 유산을 받아먹기만 한 무능력한 재벌 3세였을 뿐이었던 걸까? 그건 아니었다.

이융기는 태자의 신분이 아니었는데도 제2의 측천무후를 꿈꿨던 위황후 세력과 태평공주 세력을 축출하고 황제 자리에까지 올랐다. 이 점만 보아도 그가 무능력한 재벌 3세 캐릭터는 아니었다는 것을 짐작할 수 있다. 심지어 당태종이나

---

10   당현종은 황제로 등극한 후 1년을 선천先天, 이후 약 30년을 개원開元, 나머지 시기를 천보天寶라고 연호를 삼았다. 선천의 기간이 짧아 간단히 개원 시기와 천보 시기로 구분한다. 부흥의 시기를 개원지치開元之治, 쇠락의 시기를 천보난치天寶亂治라고 부르기도 한다.

측천무후와 같은 패륜 논란도 없었다. 황위에 올라서는 인재를 등용하고 치국에 힘쓰는 데에 능력을 발휘하여 집권 초기 30년의 번영인 '개원지치開元之治'를 이뤘다. 이러한 능력이 양귀비라는 인물에 가려져 알려지지 않았었지만, 젊은 당현종이 뛰어난 황제였다는 데에는 이견이 없다. 다만, 한 사람의 치세에 전성기와 쇠퇴기가 모두 있어 그를 명군이라 불러야 할지 암군이라 불러야 할지 모를 뿐이다. 30년 열심히 일하고 자신의 치적에 자아도취하여 억눌렀던 본성을 방출한 걸까? 한 시대를 풍미했다가 타락한 가수들처럼 말이다. 〈장안십이시진〉은 바로 이 타락이 시작될 무렵의 이야기라 마치 목적이 당현종을 꾸짖는 것인 양 후반에는 개고생을 시키며 꾸짖는데 그게 좀 고소하기도 하다. 차라리 30년만 딱 일하고 양위를 했었다면 좋을 뻔했다.

현종의 과오가 마치 양귀비 한 사람인 양 거론되지만 그보단 양귀비의 사촌 오빠였던 양국충과 이임보, 안녹산의 사탕발림에 휘둘렸던 점이 더 크다. 그러다가 안사의 난을 맞았으니 말이다. 안사의 난은 '안녹산의 난'과 '사사명의 난'을 합친 말로 안녹산은 하필이면 천보 원년에 절도사에 임명된 지방 세력이었다. 정말 '천보'라는 이름 탓인가? 절도사는 당현종 때 본격적으로 임명된 지방의 군사 및 재정을 담당하는 관리의 직책으로, 당현종 당시 10개 지역에 절도사가 있었는데 그중 3개의 절도사를 안녹산이 겸하고 있었다니, 당시 안녹산이 지방에서 얼마나 큰 세력을 가지고 있었는지 짐작할 수 있다. 안녹산은 이민족 출신의 장수로 양귀비의 양아들 노릇을 하였으나 양국충과는 사이가 좋지 않았다. 결국 양국충을 제거한다는 명분으로 반란을 일으킨 것이 '안녹산의 난'이다. 이 반란으로 당현종은 피난을 가야했으며 황위를 급히 아들 숙종에게 물려주었다. 양국충과 양귀비도 피난길에 죽여야 했다. 인생이 폭삭 망하는 순간이다. 이후 안녹산의 아들 안경서가 안녹산을 죽이고, 안경서를 사사명이 죽이면서 '사사명의 난'까지 일어난다. 젊은 날 두 번이나 나라를 혼란에서 구해낸 장본인이 이제는 나라를 두 번이나 혼란하게 만든 장본인이 되다니 본인인들 이런 말년을 예상이나 했겠는가. 박수칠 때 떠났더라면 영웅으로 남을 수 있었는데 안타깝다.

이융기가 황제가 되기까지의 영민했던 모습을 보고 싶다면 드라마 〈심궁계〉나 〈여인천하〉를, 양귀비에게 빠진 이후의 당현종이 보고 싶다면 〈양귀비비사〉를 추천한다. 〈심궁계〉는 아침 드라마 같은 연출이지만 오히려 그래서 흥미진진하다. 화면 전환이 촌스럽지만 중독성이 있다. 〈양귀비비사〉는 비교적 고증이 잘된 작품으로 평가받고 있으니 이 작품으로 당현종 시기 부흥과 몰락의 과정을 보는 것도 좋겠다. 나 역시 이 드라마로 당현종의 예술적 재능에 대해 알게 되었다. 그가 양귀비와 함께 완성한 '예상우의곡'은 중국 음악사의 큰 업적으로 꼽힌다. 당현종 말기 '안사의 난'을 드라마로 만나고 싶다면 〈대당영요〉나 〈대당유협전〉을 추천한다. 인물을 그리는 데에 차이점이 있으니 역사책과 함께 보면 더 깊은 재미를 느낄 수 있을 것이다. 〈대당영요〉의 인기가 많았지만 개인적으로는 무협물을 좋아해서 〈대당유협전〉이 더 재밌었다. 드라마로 만들기엔 태평성세는 재미가 없는지 '개원지치'를 다룬 드라마는 보지 못했다. 그나저나 당현종을 뭐라고 부르지? 암군? 명군? 한때 명군이었던 암군? 아직도 적절한 수식어를 찾지 못했다.

소설과 드라마, 두 마리 토끼!

중국 소설은 고전을 중심으로만 읽었었는데, 어느 날 《랑야방》이 재밌다는 소문에 찾아 읽은 후로는 '요즘 중국 소설'의 재미에 푹 빠져 지금도 중드 원작 소설이 있다면 찾아 읽곤 한다. 어떤 경우엔 드라마를 다 보고 난 후에 소설을 찾아 읽었고, 어떤 경우엔 소설을 먼저 읽고 드라마를 보았다. 하지만 가장 좋았던 것은 드라마를 보면서 동시에 소설을 읽는 경우였다. 집에선 중드를 보고 카페에선 원작 소설을 읽는 식이다. 상호보완이란 이 경우를 두고 하는 말인 듯 2가지를 동시 경험할 때에 작품은 더 풍성하게 다가온다. 때로는 보충 자료로, 때로는 비교 자료로 두게 되니 뇌가 반짝반짝 활발하게 움직인다. 이 상호보완의 기쁨을 맛보고 싶은 사람들을 위해 소설 원작의 중드들을 소개해 본다.

〈풍기농서〉(2022)

원작 마보융 《풍기농서》

배경 위촉오 삼국시대

회차 24부작

한 줄 요약 영웅들의 시대에 조용히 첩보전을 치르던 진공과 순후의 이야기.

시청 포인트 마보융의 소설은 역사와 허구를 교묘하게 섞는다는 매력이 있다. 과거에 어떤 사건이 있었다고 할 때, 혹시 이런 일도 있지 않았을까 하는 가능성을 창작한다. 《풍기농서》 역시 삼국지에 등장하는 수많은 장수와 지략가들의 틈새에 첩보를 담당하는 사람들이 있지 않았을까 하는 가정에서 만들어진 작품이다.

제갈량의 북벌을 배경으로 한 이 작품은 누가 진짜 배신자이고 누가 진짜 밀정인지 머리 쓰게 만든다. 소설은 꽤 두께가 있는 편인데도 독서 모임 멤버들은 빠져서 읽느라 잠을 못 이뤘다는 평가를 내렸다. 드라마는 심지어 24부작밖에 되지 않는다.

드라마는 원작과 전혀 다른 길을 간다. 인물의 이름은 같은데 역할이 막 뒤죽박죽 되었다. 결론은, 소설은 소설이고 드라마는 드라마인데 둘 다 흥미롭다.

〈비호외전〉(2022)

원작 김용의 《설산비호》

배경 청나라 건륭제

회차 37부작

한 줄 요약 《설산비호》의 외전으로, 《설산비호》에서 비무봉에게 죽은 호일도의 아들 호비의 복수와 성장담.

시청 포인트 《비호외전》은 국내 정식 번역이 되지 않았다. 〈설산비호〉라는 드라마도 있었지만 최근작인 〈비호외전〉이 더 재미있어 〈비호외전〉과 연결했다. 부모 세대의 이야기를 〈설산비호〉를 통해 참고하며 보는 재미가 있다.

《설산비호》는 중국 교과서에도 액자식 소설의 대표작으로 수록되었다. 중국의 셰익스피어라 불리는 김용이 모든 작품에서 보여 주는 인간 심리에 대한 통찰과 무공에 대한 묘사가 놀랍다. 이런 원작이라면 드라마로 잘못 만들 수가 없을 것이다!

〈연화루〉(2023)

원작	텅펑의 《길상문연화루》
배경	밝히지 않음
회차	40부작
한 줄 요약	무공을 잃은 전직 무림 고수 이상이가 신의神醫로 신분을 바꾸고 방다병과 함께 사건을 해결하는 무협 추리물.

시청 포인트　원작 소설은 주인공 이상이 중심으로만 진행되어 조금 단조로운 면이 있는 반면, 드라마는 작은 조연도 크게 살려 관계 설정에 좀 더 치중했다. 이상이와 방다병 그리고 적비성이라는 세 남자가 관계를 맺는 과정부터 흥미롭다. 소설은 사건을 음미하는 맛이 있고, 드라마는 인물의 감정에 따라가는 매력이 있다.

　주연 배우인 성의(청이)와 증순희(쩡순시)는 이 드라마에서 한 단계 더 성장한 모습을 보였다. 중국 드라마의 경우 전문 성우를 많이 쓰는데 〈연화루〉에서는 성의가 본인 목소리로 나른함을 연기하여 더 매력적이었다. 증순희도 특유의 정의로운 캐릭터를 제대로 보여 줬다. 드라마 평점을 제공하는 더우반豆瓣에서 '2023년 명예의 전당'에 등재되었고, 최고 평점도 기록하였다. 다음엔 성의가 화려한 무공을 선보이는 현직 무협 고수로 등장하는 무협물 하나 나오면 좋겠다.

드라마가 되길 기다리는 소설

《잠중록》

이미 드라마가 만들어졌지만 주연 배우의 사건 연루로 방영이 미뤄진 작품이다. 드라마 제목은 〈청잠행〉이다. 소설이 출간된 후 국내에서도 인기가 많아 판권을 사 〈청춘월담〉이라는 제목으로 제작해서 방영했다. 다만, 이 드라마가 방영될 당시 한중 감정이 좋지 않은 데다 원작에 삼계탕 관련 동북공정이 있었기 때문에 여론은 좋지 않았다.

《당나라 퇴마사》

장안에서 일어나는 괴사건들을 퇴마사의 수장인 원승이 사건을 해결하고, 또 황실 권력 다툼에도 휘말리는 이야기이다. 괴사건이라 도술이 중심이 된다. 이 드라마를 보면서 당나라에 도교가 번성했다는 걸 확실하게 느꼈다. 드라마로 만든다면 제작비가 굉장히 많이 들 것 같은데, 그래서 아직 못 만드는 것일까? 아쉬운 대로 당나라의 괴이한 사건들을 다룬 〈당조 궤사록〉을 보며 기다려 보자.

5장

포청천의 송나라

〈청평악〉

장르	역사물
시대	송나라(송인종)
출연	왕카이(왕개), 장수잉(장소영)
방송 시기	2020년
방송 회차	69부작

깎아 놓은 듯 반듯하게 생긴 소년이 저처럼 반듯한 글씨를 쓰며 누군가를 기다린다. 기다리던 유모가 들어오자 뜬금없이 본인 글씨에 '효심이 담겼냐'고 묻는다. 대답을 채 기다리지 못하고 이번엔 '자기를 낳아 준 친엄마가 누구냐'며 다그친다. 자기는 그동안 속아왔다며 분노를 감추지 못한다. 이 소년은 갓 보위에 오른 송나라의 4대 황제 송인종이다. 아무래도 유모가 황제를 속이진 못한 듯 황제는 측근 내관과 말을 달려 친엄마가 있는 황릉으로 간다. 하지만 쫓아온 신하들 때문에 결국에는 친모를 만나지 못하고 마음 가득 울분을 채워 궁으로 돌아온다. 진정한 황제가 되는 날이 오면 반드시 친어머니

를 궁으로 모시리라 다짐하면서.

드라마는 인종이 다스리는 송나라 초기를 보여 준다. 이제 막 친모의 존재를 알게 된 소년 시절부터 임종까지를 69부에 걸쳐 차근차근 다룬다. 인종은 42년간 재위에 있었던 송나라 4대 황제로, 중국 역사상 최초로 시호에 '인仁'자를 받았다. 시호란 왕의 사후에 그의 행적을 평가하는 호칭으로, '인仁'자를 받았다는 것은 재위 기간 동안 어진 정치를 했다는 통지표인 셈이다. 〈청평악〉에서도 백성의 평안을 최우선으로 하는 인종의 모습을 볼 수 있다. 어떨 땐 '어질 인仁'이 아니라 '참을 인忍'을 써야 하는 게 아닐까 싶을 정도로 개인의 고통은 뒤로한다.

〈청평악〉은 크게 4가지 사건으로 나눌 수 있다. 첫 번째는 '출생의 비밀 사건'으로, 이는 〈판관 포청천〉에서는 '살쾡이 태자 사건'이라는 이름으로 방영되어 우리나라에도 널리 알려졌다. 인종의 출생에 대해선 〈대송궁사〉라는 드라마를 보면 또 다른 각도로 볼 수도 있다. 인종의 아버지 송진종은 유황후의 입지를 탄탄하게 하기 위해 궁녀 이씨가 낳은 아들을 유황후의 아들로 삼았다. 그러고는 이씨의 존재를 숨긴다. 훗날 그 사연을 알게 된 인종이 방황을 하는 것은 당연하다. 사춘기 소년이지 않은가? 이러지도 저러지도 못하는 소년 인종이 내 아들인 양 안쓰러웠다.

두 번째는 '후궁 총애 사건'이다. 인종은 잘 자라 성군이 되었다. '간식 타임'은 생략해도 '간언 타임'은 꼬박꼬박 챙겼다. 황후마저도 관료들에게 선택을 맡기니, 첫날 밤도 설레지 않는다. 반면, 어릴 때부터 인종을 흠모한 조황후는 성덕이 된 듯 잔뜩 기대했다가 첫날부터 독수공방하고부턴 성녀로 캐릭터를 바꿨다. 두 사람 모두 인품은 훌륭했지만 좀처럼 서로 거리를 좁히지 못하는 모습이 내내 안타까웠다. 이에 반해 후궁 장필함은 이름이 '장결함'이 아닐까 싶게 결함 투성이이다. 그런데도 인종은 모든 것을 받아준다. 많은 법도에 갇혀 살았던 인종을 자연인이 되게 해 주기 때문일까? 자유로움은 곧바로 '간언 고문'을 가져왔지만 말이다. 황제의 사랑이란 업무의 연장선이다.

세 번째 사건은 '서하 도발 사건'이다. 선황 진종은 요나라의 도발에 '전연의 맹¹'을 맺어 평화 시기를 이뤄냈다. 그런데 이번엔 서하가 송나라를 도발하였다. 송나라는 숭문억무의 국가로, 군대의 지휘는 황제나 황제의 명을 받은 문관이 맡

1   송진종 시기, 요나라와 맺은 강화 조약이다. 이 조약으로 송진종은 요나라에 막대한 재물을 보내야 해서 어떤 이들은 '돈으로 평화를 샀다'거나 '굴욕적인 조약'이라는 말로 폄훼하지만, 이때 보낸 재물은 전쟁으로 인한 지출보다 적다는 평가가 우세하여 평화 조약으로 불린다. 다만, 이후 송나라가 이를 본떠 돈으로 평화를 쉽게 사려하고 국방에 소홀했다는 문제가 발생한다.

아 국방력이 약한 구조였다. 변방에서 적청 장군 등이 활약을 하였으나 최종 지휘권은 문관에게 있었다. 문관들끼리 어찌나 입으로만 싸우던지 입을 한 대씩 때리고 싶었다. 결국 송나라는 요나라에 이어 서하와의 평화도 돈으로 샀다. 송나라 내내 북방 민족(오랑캐)들은 돌아가면서 송나라를 위협하고 괴롭힌다. 얼마면 되겠니?

네 번째 사건은 '내시 애정 사건'이다. 〈청평악〉의 원작 소설인 《고성폐》는 공주와 내시의 사랑을 다루는 로맨스 소설이었는데 드라마로 각색하면서 이 사건을 하나의 에피소드로 축소했다. 그간 숱하게 중드를 봤지만 군자의 풍모가 느껴지는 내관은 〈청평악〉에서 처음 만났다. '내관의 정석'인 장무칙은 황후에 대한 흠모의 마음을 잘 숨겼지만, 복강공주와 내시 양회길의 사랑은 세상에 다 알려져 버렸다. 이게 다 '간언 고문관' 사마광 때문이다! 하지만 인종은 간언 듣기 만렙을 달성한 프로였다. 결국 사마광이 졌고, 인종은 공주와 회길에게 모두 살 길을 만들어 줬다. 이런 파격적인 사랑 이야기가 실제 있었을까 궁금하여 찾아보니 복강공주와 회길의 이름이 〈송사〉에 기록되어 있고, 사마광의 〈속수기문〉에도 공주가 심병을 앓고 있다고 나온다.

〈청평악〉은 잘 만든 드라마이지만 기승전결이 비슷비슷하여 지루한 면도 있다. 그럼에도 불구하고 끝까지 볼 수 있었던 까닭은 지극한 아름다움에 있었다. 카메라 구도와 대사, 배우들의 연기는 물론 고증이 잘된 복식과 글씨, 그림들이 모두 아름다웠다. 나는 그중에서도 글씨 쓰는 장면들에 자주 설레었다. 특히 조황후와 내시 양회길의 글씨를 보면 황홀했다. 또한 이 드라마를 통해 송인종의 매력을 느낄 수 있어서 좋았다. 〈포청천〉에서 물에 물 탄 듯 술에 술 탄 듯 아무나 앉혀놓은 황제 자리 같았는데, 〈청평악〉에서 보니 단단한 사람이었다. 참 멋있었다. 만약, 그가 생모를 핑계로 연산군처럼 굴었다면 얼마나 많은 사람이 죽었을까? 만약, 그가 신하들과의 간언 타임을 챙기지 않았다면 수많은 명신名臣은 이름조차 남기지 못했을 것이다. 만약, 그가 여인에 빠져 정사를 돌보지 않았다면 후궁엔 암투가 그치지 않았을 것이다. 긴 시간을 버티어 내며, 언제나 백성들과 나라가 더 나은 방향으로 이끌어 가고자 노력한 점이 귀감이 된다. 〈청평악〉은 그간 드라마에서 만날 수 있던 정복 군주, 천재 군주가 아닌 새로운 유형의 리더를 만날 수 있는 드라마였다. 지금 우리에게 필요한 리더가 아닐까?

포청천은 언제 나와?

그나저나 송인종은 실컷 봤는데, 한참을 보아도 포청천이 나오지 않는다. 송인종은 전조와 공손책, 왕조, 마한, 장용, 조호 등과 세트로 등장하는 '포청천과 아이들' 소속이었는데, 〈청평악〉에서는 왜 포청천이 보이지 않는 걸까? 혹시, 포청천은 가상의 인물이었나? 아니다. 포털 사이트에 포청천 또는 포증으로 검색하면 그가 실존했던 인물이라는 건 쉽게 확인할 수 있다. 포기하려 할 때쯤 아주 잠깐 포청천이 등장했다. 근데 너무 늦게 등장한 게 아닐까? 〈포청천〉에서 인종은 청년이었는데 〈청평악〉에선 이미 중년인걸? 아무래도 그동안 너무 포청천을 무턱대고 믿으면서 봤나 보다. 이참에 한 번 포청천 속 인물들의 실존 여부를 알아 보기로 했다.

먼저, 청천靑天이라는 별명처럼 일 처리가 공명정대하여 칭송받던 포증을 먼저 알아 보자. 포증은 앞서 말했듯 송인종 후반에 개봉부를 맡은 관리였다. 실제론 특별하지 않은 외모였다고 하는데 드라마에서는 한 번 보면 잊을 수 없게 이마 한가운데에 초승달이 양각되어 있다. 해리 포터도 아닌데 가끔 그 초승달이 번쩍번쩍 빛나기도 한다. 낮에는 이승의 일을, 밤에는 저승의 일을 모두 포청천이 판단한다는 신화적 의미가 담겨 있다고 한다. 중국인들에게는 염라대왕과 더불어 청렴의 화신으로 존경받는 인물이다. 요즘 같으면 '갓청천'으로 불렸을 것이다.

포청천의 공정함 뿐만 아니라 전조의 존재도 시청률에 기여한 바가 크다. 그럼, 전조도 실존했던 인물일까? 그 배경에는 청나라 소설인 《삼협오의》가 있다. 제목만 봐도 협객 세 명에, 의인 다섯 명이 등장하리라는 것을 짐작할 수 있다. 비슷하게 〈포청천 칠협오의〉와 〈강호협객: 오서요동경〉 등의 드라마에도 이 협객들과 의인이 등장하는데, 호위 무사 전조가 바로 칠협 중 하나인 '남협'이다. 〈포청천〉에서는 전조가 황제에게 '어묘'라는 이름을 하사받으면서 등장한다. '오의'는 다른 말로 '오서五鼠'라고 불리는 의인들로, 전조가 황제에게 '어묘御猫'라는 이름을 하사받으면서 등장한다. 오서는 다섯 마리의 쥐라는 뜻을 지니고, 어묘는 임금님의 고양이라는 뜻을 지닌다.[2] 다섯 마리의 쥐가 황제의 고양이에게 열받았다는 설정이다. 하지만 칠협도, 오서도 모두 협객 소설에서 지어낸 이야기이지 실존 인물이라고 보기엔 무리가 있다. 하지만 포청천의 책사인 공손책 역시 소설 《삼협오의》에서 만들어 낸 인물일 줄이야! 혹시 포청천 빼곤 다 창작된 인물인 걸까?

그렇진 않다. 송인종과 포청천 사이를 중재하는 역할을 했던 눈이 큰 노년의 팔현왕을 기억하는가? 포청천 시리즈에서는 인자하고 덕이 많은 인물로 등장하여 황제와 포증과 모두 좋은 관계를 맺고 있는 인물이다. 〈청평악〉에서는 그보단 젊은 나이로 등장하는데, 실제로 팔현왕은 송진종의 동생이자 송인종의 숙부였으니 〈청평악〉에서의 나이가 더 적절하다. 포청천 시리즈에서는 군자의 모습으로 나오는 데 반해 〈청평악〉에서는 광증을 앓고 있는 인물로 잠깐씩 등장한다. 실제론 〈판관 포청천〉에서 만큼 중요한 인물은 아니었는지도 모르겠다. 하지만 인종에게 출생의 비밀을 폭로했기 때문에, 즉 '살쾡이 태자 사건' 때문에 중요한 인물로 만든 모양이다.

포청천 시리즈에서 유태후도 간간히 등장하는데 〈청평악〉을 보고 나니 이는 시간 관계가 어긋난다. 포청천이 인종

---

2   오서는 강호인이었던 전조가 임금님의 고양이가 된 것을 조롱하는 동시에 자신들의 이름과 연관하여 전조를 적대시하게 된다.

과 개봉부의 일을 의논하는 것은 유태후가 죽고도 한참이 지난 후이기 때문이다. 자연 〈살쾡이 태자 사건〉의 진실도 포청천이 밝히기에는 무리가 있다.[3] 포청천의 인기에 기대어 그 즈음의 사건을 다 갖다 넣은 모양이다. 역시 아는 만큼 보인다. 역사는 유태후를 '여태후와 측천무후에 견줄 만한 능력을 가졌지만, 그들의 나쁜 점을 갖지 않았다.'고 평가한다. 평민 출신이라는 열등감, 계모라는 열등감을 이겨 내는 여정이 쉽지 않았을 것이다. 게다가 인종을 저렇게 잘 키우다니! 양육자의 입장에서 존경스럽다. 〈청평악〉의 한 대사처럼 '만인지상'은 '남들 위에 서서 누리는 자리'가 아니라 '남들보다 무거운 짐을 진 자리'라는 것을 알고 있는 사람이었으리라. 정치인들이여, 귀감이 필요하면 꼭 〈청평악〉을 보길 바란다.

그렇다면, 귀감이 되긴 어려운 방태사는 실존 인물일까? 포청천 시리즈에서 방태사는 딸 방귀비가 황제의 총애를 받는 것을 믿고 권력을 휘두르는 인물로 나온다. 포청천과는 그의 아들 방욱이 용작두형[4]에 처하면서 원수지간이 된다. 포청

---

3   포증(포청천)은 송 인종 치세 후반에 관직 생활을 시작했고, 유태후는 그보다 훨씬 전에 사망했다. 따라서 포증이 유태후의 사건(살쾡이 태자 사건)을 밝히는 것은 역사적으로 불가능하며, 이는 드라마의 극적인 재미를 위한 대표적인 창작이다. [감수자 주]

4   포청천을 아는 사람이라면, 작두의 용도에 대해 알고 있을 것이지만 혹시 모를 이들을 위해 부연 설명을 해 보겠다. 유럽에 단두대가 있었다면 포청천에겐 작두가

천의 공명정대함을 보여 주는 데에는 이 사건만 한 게 없다. 하지만 〈청평악〉 내내 태사라는 직명은 나온 적이 없고, 외척을 정치에서 배제한 시대였으므로 방태사는 가공 인물로 보는 편이 적절하다. 방태사의 옆에 항상 서 있던 왕승상의 경우는 진종 시기의 재상이었던 왕단 혹은 인종 시기의 왕안석을 말하기도 하지만 억지스러운 면이 있다. 중국 역사에서 왕씨는 꾸준히 등장하니 아무 왕씨나 갖다 붙인 것이리라.

드라마는 드라마일 뿐 진지해지지 말자! 〈청평악〉에서 포청천의 흔적을 찾는 일은 큰 의미가 있는 것은 아니었지만 그 과정이 흥미로웠다. 전조나 백옥당은 창작 인물일 거라 짐작했지만 공손책은 실존 인물일 거라 생각했는데, 인종과 팔현왕을 제외하면 대체로 다 창작된 인물이라는 점은 좀 실망스럽다. 인기가 많으니 에피소드가 많이 필요해서 이 사건 저 사건 모두 포청천이 해결한 것으로 만들고, 이 인물 저 인물 다 만들어 포청천의 공명정대함과 청렴결백을 돋보이게 했을 것이다. 자기의 직분을 제대로 해내는 사람에 대한 후대의 평가란 이렇게나 허용적이다. 물론 반대의 경우는 가차 없다. 이 시대의 지도자들은 자신들이 어떤 사람으로 기록될 것인지

있었다. 작두는 신분에 따라 개작두, 호작두, 용작두를 사용했다. 짐작하듯이 개작두는 일반 백성용, 호작두는 관리용, 용작두는 황족용 사형 도구였다.

생각해 보면 좋겠다. 100년, 200년 후에 오늘을 배경으로 드라
마를 만든다면 누가 미화될 것인가?

포청천 시리즈와 달리 〈청평악〉의 등장 인물은 대체로 실존했
던 인물들이다. 자막으로 보이는 그 이름들에 놀랄 때가 한두
번이 아니었다. 아니, 저 사람들이 다 한 시대에 살았단 건가?
그야말로 인싸들의 시대였다. 송인종은 인재개발의 천재였
나? 송인종 시대에만 이럴진대 송나라 전체는 얼마나 뛰어난
인재가 많았을 것인가! 송나라 인재 열전을 한 번 펼쳐보자.

먼저 인재 1호로 소개할 인물은 중드 팬들에게 〈양가장〉
으로 익숙한 양업이다. 양업은 송태종이 북한[5]을 정벌할 때 투
항한 장군이다. 변방을 지키며 요나라군을 방어해 '양무적'이

---

5 북한北漢(951년~979년)은 오대십국 시대 10국 중 하나로, 현재 산시성山西省 북
부를 지배한 나라이다.

라고 추앙받고 있었으며, 태종이 요나라 정벌을 할 때에는 개국공신인 반미 장군 휘하에 있었다. 요나라 정벌 중 반미 장군이 제때 지원하지 않아 전군이 몰살당했다. 이로 인해 반미는 민간에서 간신으로 비난받고, 양업 장군은 영웅이 되었으니 그 대표적인 작품이 《양가장연의》이다. 개국공신이었던 반미 장군으로선 억울하겠지만 훗날을 기약하자. 공은 공대로 봐주는 때가 곧 올 것이다. 양가장은 양업 장군 본인뿐만 아니라 아내 사새화, 5~7명으로 추정되는 아들들과 며느리 목계영까지 가문 전체가 무장으로 알려져 있으나 실존 여부는 의견이 갈린다. 양업과 아들 양연소, 손자 양문광까지는 양씨 3대 명장으로 기록되어 있다.

그다음으로 만날 인재 2호는 〈청평악〉에서 만날 수 있었던 범중엄이다. 범중엄은 한기와 더불어 송인종 시대를 대표하는 정치가로, 둘을 묶어 '한범'으로 부른다. 포증보다 먼저 개봉부를 맡아 백성을 위했다고 전해지니, 포청천 이전에 범청천이 있었던 셈이다. 〈청평악〉을 보다가 하도 포청천이 하도 안 나와서 혹시 범중엄이 포청천인 걸까 생각할 정도로 포청천의 모습이 많이 겹쳐졌다. 왕안석보다 먼저 변법을 시행한 이가 범중엄이라고 하니 조선시대로 치면 실사구시학파를 대표하는 셈이다.

인재 3호와 4호인 문인 구양수와 소동파도 〈청평악〉에 등

장한다. 이들이 누구인가? 당송팔대가[6]가 아닌가. 당송팔대가
는 당나라와 송나라 시대에 뛰어난 문인 여덟 명을 가리키는
데, 이중 송나라 사람이 여섯일 정도로 송나라는 뛰어난 문인
이 많았다. 구양수와 소동파(소식)도 이에 포함된다. 구양수의
시는 김용이 《신조협려》에도 인용할 정도로 중국에서는 모
두가 알고 있는 문인이지만 우리에겐 '삼다三多(다독多讀, 다작多
作, 다상량多商量)'라는 말로 더 잘 알려져 있다. 〈청평악〉에서 소
동파의 글에 감탄하는 구양수의 모습을 볼 수 있는데, 좀처럼
남의 글을 인정 안 하는 구양수인지라 이런 반응은 소동파가
얼마나 대단한 문인인지를 반증한다. 당나라의 시詩는 형식이
정해져 있고 호방한 기운이 넘치는 반면, 송나라의 사詞[7]는 자
유로운 감정을 자유롭게 표현하는 장르이다. 그래서 사랑의
감정을 담은 글이 많았는데 거기에 호방한 기개를 담아 사를
쓰기 시작한 이가 소동파이다. 소동파 외에도 당송팔대가에
는 그의 아버지인 소순, 그의 동생인 소철도 포함된다.

　　뛰어난 정치인, 뛰어난 문인으로도 충분해 보이는데 인

6　　당송팔대가는 송나라의 진덕수가 당송시대의 뛰어난 문인 8명을 개인적으로
꼽은 것이 전해진 것이다. 당나라의 한유와 유종원, 송나라의 구양수, 소순, 소식, 소
철, 왕안석, 증공을 꼽았다.
7　　각 왕조의 이름과 당시 유행한 문학 장르를 붙여 한부漢賦, 당시唐詩, 송사宋詞,
원곡元曲, 명소설明小說이 대표적이다.

종 때에는 뛰어난 역사가마저 등장한다. 바로 《자치통감》을 지은 인재 5호 사마광이다. 그렇다, 앞서 소개한 '간언 고문관'이다. 인종, 영종, 신종 시기 간언에 집착한 에피소드가 많았지만 이 모두가 나라를 위한 마음이었다는 것은 드라마에서도 고스란히 드러난다. 사마광의 《자치통감》은 사마천의 《사기》와 더불어 중국을 대표하는 역사서이다. 《사기》가 기전체인 것과 달리 《자치통감》은 편년체[8] 형식으로 기술되었으며, 송나라 이전까지를 기록했다. 왕안석과는 원수처럼 지낸 반反변법파였다.

인재 6호는 변법으로 유명한 왕안석이다. 송인종 말년에 변법을 제안하였으나 큰 반응을 얻지는 못하였고, 이후 송신종에게 중용되었다. 범중엄의 변법에 지지를 표현했던 명신들 중에도 왕안석의 변법에는 반대한 이들도 많았던 것으로 보아, 훨씬 파격적이었던 모양이다. 아니면 그냥 왕안석이 싫었는지도 모른다. 송나라는 점점 당쟁이 심해져 문제였으니 그랬을 가능성도 크다. 이는 무턱대고 반대하는 요즘 우리 정치판과도 닮았다. 놀랍게도 왕안석도 당송팔대가 중의 한 사람이다.

---

8   편년체는 역사적 사실을 연도, 월, 일의 시간의 흐름에 따라기록하는 방식으로 대표적으로 《자치통감》과 《조선왕조실록》이 있다. 이에 반해 《사기》나 《삼국사기》는 특정 주제 또는 인물에 따라 분류하여 서술하는 기전체 방식으로 쓰여졌다.

당송팔대가에 비견할 만한 예술가도 한 명 있었다. 인재 7호는 놀랍게도 황제였던 송휘종이다.[9] 명나라 천계제가 목공 예술가라면, 송휘종은 시서화에 모두 능한 천재 예술가로 알려져 있다. 문제는 수집가이기도 했다는 점이었다. 국고를 탕진하며 예술품을 수집했고, 도교에 빠져 국정을 돌보지 않았으니 간신이 등장하기 좋은 조건이다. 아름답고 무능하여 쉽게 금나라의 먹잇감이 되었다. 곤란한 상황을 피하려고 황급히 아들에게 황위도 물려줬는데 부자가 모두 포로로 잡혀가며 북송은 금나라에 멸망한다. '만인지상'의 자리에는 적합하지 않은 사람이었다. 다행히 아홉 번째 아들이 살아남아 남쪽에서 송나라의 맥을 이어 가니 이 시기부터를 남송이라고 부른다.

남송은 국방력이 약했는데 필요한 때가 되니 딱 훌륭한 무관이 등장한다. 바로, 남송 초기에 등장한 인재 8호 악비 장군이다. 악비는 병졸로 군 생활을 시작하였지만, 병서를 두루 읽어가며 악가군을 키워나갔다. 악가군 덕분에 금나라를 막아낼 수 있었건만, 악비의 세력이 커지는 것을 두려워한 고종과 간신 진회 때문에 악비는 결국 처형당했다. 관우와 더불어

---

9   송휘종은 서예에서 '수금체瘦金體'라는 독특하고 아름다운 서체를 창시할 정도로 천재적인 예술가였으나, 그의 예술 사랑과 도교에 대한 심취는 국정을 파탄으로 몰았다. 북송의 멸망을 초래한 이 사건을 정강의 변靖康之變이라고 한다. [감수자 주]

민간에서 신으로 추앙받기도 하는데, 우리나라의 이순신 장군의 삶과 많이 닮았다. 악비에 대한 이야기가 궁금하다면 드라마 〈정충악비〉를 보면 된다. 악비에 대한 미화가 좀 과하지만 우리나라의 이순신 사랑을 떠올리면 이해 못할 것도 없다.

금나라와의 굴욕적인 화의 후에 비록 영토는 줄었지만 남송의 경제 상황은 나쁘지 않았다. 하지만 국방력은 점점 약해졌다. 이 상태로 세계 최강 전투력을 지닌 원나라에 40년이 넘게 버텼다는 것 자체가 기적에 가까웠다. 그래서 남송의 마지막 전투였던 애산전투가 애절하다. 인재 9호 그룹인 '송말삼걸'이 이때 등장하는데, 문천상, 육수부, 장세걸이 그들이다. 나라의 대신이었던 문천상은 의병을 조직하여 원나라 군대에 굴복하지 않고 싸웠으며, 육수부는 피난을 다니면서도 황제 교육을 소홀히 하지 않았고, 결국 마지막 황제를 안고 물에 뛰어들었다. 이때 바다에 떠오른 시체가 10만 구가 넘었다고 한다. 그럼에도 불구하고 무장 장세걸은 결사항전하였다. 비록 형편없는 국방력의 송나라였으나 극한의 상황에서 문관들이 절개와 충정을 보여 주는 것을 보니 송나라가 문관을 우대한 것이 헛되지만은 않은 듯 하다.

마지막 인재 10호는 우리에게도 익숙한 유학자 주희이다. 주희는 성리학(주자학)을 창시한 사람으로, 그 학문의 경지는 최고봉에 올랐다고 평가받는다. 하지만 사상이 현실이 되는 것은 쉬운 일이 아니었기에, 생전에는 미움을 받아 고생도 많았다. 성리학은 주자가 죽고 나서야 주류 사상이 되었고, 조선과 일본에서까지 통치 이념이 되었다. 특히 조선에 미친 영향이 막대하여 유교 문화와 제도들은 지금도 우리 삶에 적지 않게 남아 있어 어떤 사람들에게 주희는 신이기도 하고 어떤 이들에게는 원수 같다.

대부분 문관으로 치우친 점은 아쉽지만 이렇게 인재가 많았다는 건 송나라 시대에는 인재들이 제 뜻을 펼칠 기회가 많았다는 것을 보여 준다. 이래서 송나라에 태어나고 싶다[10]는 말이 나오나 보다. 기왕 송나라에 태어난다면, 황제는 안 하고 싶고 〈몽화록〉에 나오는 평민 여인들처럼 작은 찻집이나 하며 자유롭게 살고 싶다.

---

10   역사학자 토인비가 한 말이다. "송나라는 인류의 생활에 가장 적합한 왕조다. 내게 선택권이 주어진다면 나는 중국 송나라 시대로 가서 살 것이다."

송나라의 관모는 거리 두기용?

코로나가 한창이라 거리 두기 캠페인을 했을 때, 한 장의 사진이 화제가 되었다. 중국의 초등학생들이 학교에서 송나라식 관모를 써 거리 두기를 하는 장면이었다. 송나라식 관모란 포청천이 드라마에서 쓰고 나오던 대략 1미터 길이의 막대기가 달린 송나라 관리들의 모자이다. 학교에서 근무하는 사람으로서, 그 발상이 어떻게 나왔는지는 충분히 예상할 수 있었다. 학교는 아무리 흩어 놓아도 어디나 인구밀도가 높아 거리 두기가 어려워 골치가 아프던 참이었다. 그 모자를 쓰면 '양팔 간격 나란히'를 상시 하는 효과를 거둘 수 있었을 거다. 기사를 보자마자 '빵!'하고 웃음이 터짐과 동시에 '오죽하면!'이라

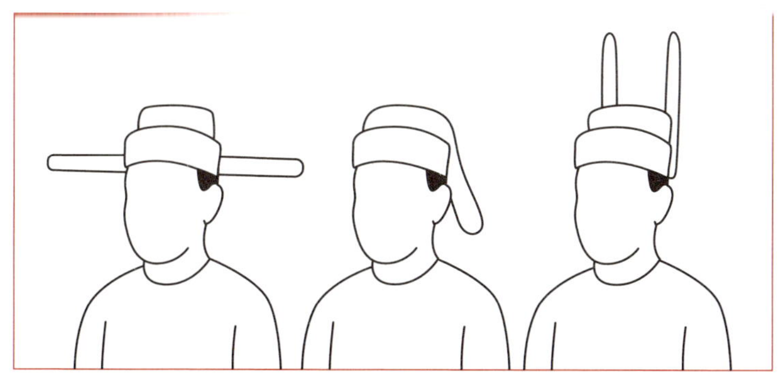

는 생각이 들었다. 그런데, 송나라는 코로나 시기도 아니었으면서 도대체 왜 저런 거추장스러운 관모를 만든 거지? 코로나를 예측한 건가? 천 년 전에?

〈청평악〉은 여러모로 고증이 잘 되어 관모의 형태 역시 그 시대의 것을 잘 보여 준다. 〈청평악〉을 보니 송나라의 관모는 다양한 형태가 있었다. 어떤 때에는 황제와 신하가 나란히 날개가 긴 관모를 착용하고, 다른 장소에서는 마치 토끼 귀를 쫑긋 세운 듯한 모양의 관모를 썼다. 모자의 날개를 다양하게 변형한 게 쓸모는 잘 모르겠지만 디자인적인 면에서는 굉장히 창의적이라는 생각을 했다. 마치 포켓몬스터들이 무한 창조되듯이 날개를 어떻게 하느냐에 따라 모자가 무한히 디자인될 것 같았다. 전공자가 아니라 깊이있는 지식을 전달하지는 못하겠지만 이 드라마를 보며 송나라의 관모에 대해 공부한 점을 나누고자 한다. 여기에서는 〈청평악〉에서 송인종이 착용한 복두만 알아 보기로 하자.

모자의 양쪽으로 길게 뻗은 날개 부분을 전각이라고 하여 '거리두기 관모'의 정식 명칭은 전각 복두이다. 송대에는 이전 시대보다 전각이 훨씬 길어져 장시모長翅帽라고도 부르기도 했다. '긴 날개 모자'라는 별명인데 장시모를 만든 이는 다름 아닌 송나라를 세운 송태조 조광윤이었다. 송태조는 신하들이 이 모자를 쓰고 훨훨 꿈을 펼치라고 이런 기이한 형태의 모자를 만들었을까? 그럴 리가! 송태조 조광윤은 오대십국의 혼란을 깨고 새 나라를 만든 무장 출신이다. 무장 출신이 마음만 먹으면 나라를 무너뜨릴 수도 있다는 것을 그보다 잘 아는 이는 없었다. 어제의 신하가 오늘의 반역자가 될 수 있다는 것도 누구보다 잘 알고 있었다. 장시모는 그런 송태조의 불안을 반영한 결과물이다. 장시모를 만들어 회의 자리에서 자기들끼리 귓속말을 못하게 하려는 목적이었다는 설이 유력하다.[11]

장시모를 쓰고 귓속말에 도전하는 관리들을 상상하니 또

11　일반적으로 송나라 관모는 '복두'이며, 전각 복두는 뿔(각)이 양옆으로 길게 뻗어 평행하게 펼쳐진 모양의 관모를 의미한다. 복식은 관등에 따라 자색, 청색, 녹색 등으로 색깔을 구분하였다. 복두는 전반적인 관모를 뜻하지만 전각 복두는 송나라의 특정 뿔 모양을 강조한다고 볼 수 있다. 연구자가 어떤 특징을 강조하느냐에 따라 명칭이 달라지기도 한다. [감수자 주]

웃음이 터진다. 아무튼, 장시모는 코로나를 예측해 만든 것은 아니었지만 실제로도 거리 두기 모자는 맞았던 셈이다! 장시모를 쓰고 앞으로 나란히 서지 않으면 굉장히 눈에 띄었을 것이다. 고개 돌리기도 불편해서 딴 데도 못 보니 황제에게 집중할 수도 있을 것 같다. 여러모로 교실 필수템이 맞았는데 미처 우리나라에 도입하지 못한 게 왠지 아쉽다. 송나라 때 신하들은 신분에 따라 다른 색으로 된 홀笏이라는 막대기도 들고 입궁했는데, 회의가 끝나고 나면 홀을 들고 치고 박고 싸우기도 했다는 일화를 들은 적이 있다. 그들이 그렇게 싸울 때 왠지 한 손으로는 장시모의 한쪽을 잡아당기지 않았을까 상상을 하니 또 '빵!' 터진다. 나 웃으라고 만든 모자는 아닐 텐데 말이다. 포청천은 전각 복두의 전각 끝을 꺾어 올린 절각 복두를 즐겨 썼다고 하니 변형도 가능했던 모양이다. 하지만 조회의 풍경을 보았을 때 포청천이 아니고서야 그런 관모로 나타나긴 쉽지 않았을 것이다. 너무 튄다. 포청천도 〈청평악〉에서는 일반적인 장시모를 쓰고 등장한다.

〈청평악〉에서 송인종 역시 조회 때에는 꼭 장시모를 썼지만 조회가 끝나고 개인 공간으로 들어오면 모체의 각도 둥글둥글해지고 양날개도 짧아져 축 처진 토끼 귀 모양처럼 보이는 연각 복두軟脚幞頭를 썼다. 장시모가 황제의 권위를 드러내는 데에 효과가 있었겠지만 오랜 시간 착용하기는 불편했을 것이다. 그래서 우리나라 초등학교로는 도입이 안 된 모양이다. 그 불편함을 가만둘 민원 공화국이 아니다. 그래서 황제는 공식적이지 않은 알현이나(신하들은 이때에도 장시모를 썼다) 서재에서 혼자 업무를 볼 때에는 연각 복두를 썼다. 관리들도 거리를 걸어다닐 때에는 연각 복두를 쓰고 다녔다. 공적 자리에서 사적 자리로 전환된다는 표식이기도 했을 것이다. 하긴 길거리에서 장시모를 쓰면 거리두기는 둘째치고 얻어맞는 사람이 속출했을 것이다. 역시 우리나라 학교에는 도입이 어렵겠다. 학교 폭력, 멈춰!

그런데 이 두 모자 말고 황제가 쓰고 나온 귀여운 모자가 하나 더 있었다. 이쯤 되면 송나라 황제는 모자부심을 가져도 좋을 듯 하다. 심지어 송인종 역할을 맡은 왕카이는 이 모자들이 어찌나 잘 어울리던지 특급 모델이었다. 하늘을 향해 날개가 올라간 귀여운 이 모자의 이름은 조천 복두朝天幞頭이다. 연각 복두가 의기소침한 토끼라면 조천 복두는 마치 호기심 많은 토끼 같다. 〈청평악〉에서는 후궁들과 담소를 나누는 자리에서 이 모자를 썼는데 이로 미루어 볼 때 가장 공식적인 자리에서 장시모를, 비공식적 공무를 할 때에는 연각 복두를, 가족들의 행사에서는 조천 복두를 쓰지 않았을까 짐작한다.

이 외에도 모체에 각이 지고 날개가 모체 위로 매듭지어진 형태의 교각 복두交脚幞頭를 쓴 장면도 나온다. 참으로 다양한 관모의 세계이다. 송인종을 비롯한 송나라 초기 황제들은 근검절약을 미덕을 삼았고 송인종의 검소함은 드라마 내내 확인할 수 있다. 그러고 보니 다른 시대 황제들의 복장과 달리 송나라 황제들의 옷은 화려한 자수 무늬 하나 없는 민무늬 용포였다. 그래서 모자에 변화를 많이 준 건가? 남자들이 모자에 꽃을 꽂는 화각 복두도 송나라 때 유행했다고 하니 아름답고자 하는 욕구는 검소한 태도 속에도 피어나는가 보다. 송나라 복식의 간결하고 절제된 아름다움을 보고싶다면 〈청평악〉을 꼭 만나 보길 추천한다.

오랑캐란 무엇인가?

과거 우리가 북방민족이나 일본인들을 오랑캐라고 불렀듯 그 옛날 중국은 우리나라도 동이, 즉 동쪽의 오랑캐라고 불렀었다. 오랑캐라는 말에는 자신의 민족보다 야만적이고 미개하다는 멸시의 의미가 담겨있다. 하지만 한때 중국을 통일했던 원나라에서 1등급 민족은 몽골족이었고 4등급 민족은 남방의 한족이었는데, 이 경우 감히 한족이 몽골족을 오랑캐라고 부를 수 있었을까? 이처럼 오랑캐라는 말은 상대적인 표현에 지나지 않는다. 누가 자기 민족을 오랑캐라고 지칭하고 싶겠는가? 지금 '하나의 중국'을 외치며 이민족의 역사마저 모두 하나의 역사라고 말하는 중국에는 대대로 한족 우월주의가 있었다. 그 멸시를 이제 와서 포용하는 체하니 반발이 심한 것이리라. 송나라도 한족의 나라였다. 그런데 안타깝게도 송나라가 오랑캐라 부르던 북방 민족들은 하필이면 그때에 모두 전성기를 맞이하니 우월감만 내세워서는 안 되었다. 그리하여입으로는 오랑캐라고 부르지만 뒤로는 돈을 갖다 바치는 기이한 관계가 맺어졌다. 도대체 송나라의 오랑캐들은 얼마나강했는지 한 번 알아 보자.

중국의 한가운데를 중화中華, 관중, 화하라고도 불렀지만가장 흔히는 중원이라 불렀다. 중원을 가운데에 두고 동서남북의 방위명을 붙여서 각 위치에 살던 이민족들을 각각 동이東夷, 서융西戎, 남만南蠻, 북적北狄이라고 하였다. 중원이 확장되며 중원 안에 속한 이민족을 내이內夷라고 불렀고, 중원 밖의이민족을 외이外夷라고도 불렀다. 이夷는 오랑캐를 뜻하는 한자이다. 그래서 중국의 중화사상中華思想을 다른 말로는 화이사상華夷思想[12]이라고도 부르는 것이다. 중원과 그 바깥을 차별하는 사상이다. 하지만 춘추전국시대로 거슬러 올라가면 중원바깥에서 힘을 길렀던 남만족 초, 오, 월나라는 춘추시대 패권을 장악하기도 하였고, 서융을 정복한 진나라는 중원을 통일

---

12   중국과 오랑캐 간의 질서를 가리키는 말로, 중국을 주변 국가보다 우월하다는
입장을 나타내는 사상이다.

하였다. 이후의 중국은 이미 다민족 국가였을 것 같은데 한족 우월주의라는 게 개념 자체가 석연치 않다. 수백 년이 흐른 뒤에 "你是오랑캐吗?(당신은 오랑캐입니까?)"라고 물었을 때 어느 누가 당당하게 대답할 수 있겠는가.

송나라 시대 북방의 이민족들은 초원 생활을 하며 독립적으로 강국을 이룬 경우가 많았다. 다시 말해 중원화되지 않아 "我是오랑캐!(나는 오랑캐다!)"라고 당당하게 말했을지도 모르겠다. 그만큼 당시 송나라의 북방 민족들은 한족에 기죽지 않고 전성기를 누리며 320년간 송나라를 괴롭혔다. '까짓거 한족 따위'라고 도리어 무시했을지도 모를 정도였다. 이들은 우리나라에까지 세력을 미쳐 한국사에도 모두 등장한다. 서희가 담판으로 강동 6주를 얻어 낸 거란족, 윤관의 별무반이 물리친 여진족, 한때 고려를 지배했던 몽골족이 다 송나라 때 북방민족들이다. 교실에서 아이들에게 고려시대를 가르칠 때 꼭 송나라의 이런 상황을 짚어 주는데, 이를 통해 당시 고려에 외침이 많았던 것이 고려의 탓이 아니라는 것을 큰 틀에서 알려 주기 위해서이다. 갑자기 새록새록 학창 시절에 배운 지식이 피어오르지 않는가? 다시 중국사로 넘어가 보자.

송태조는 송나라를 건국한 후 약한 남쪽의 작은 나라들을 다 정벌하고는 북쪽으로 눈길을 돌린다. 당시 북방에는 거란족인 요나라가 강력한 힘을 발휘하고 있었다. 얼마나 강력한가 하면, 발해를 정벌했고 후진[13]으로부터 연운 16주라는 중요한 땅을 얻어 냈으며, 40년에 걸쳐 소태후가 집권하며 부강해졌다. 다행히 송진종 때에 '전연의 맹'을 맺어 요나라와는 그럭저럭 평화롭게 지내고 있었다. 그런데 문제는 서하였다. 서하는 우리나라와 국경을 맞닿고 있지 않아 우리에겐 조금 낯선 나라이지만 중드를 보면 서하국의 존재는 결코 작지 않다. 서하는 당항족(티베트 계열)이 세운 나라로 역사는 짧지만 군사력도 막강했으며, 우리나라의 대릉원과 같은 왕릉군도 남겼고, 심지어 문자도 있는 문명국이었다. 당송 내내 중국에 복종해 오다가, 송인종 때에 서하제국을 건국하면서 도발을 해 왔다. 이에 송인종은 언짢아하며 전쟁을 불사하였으나 문치국가가 감당하기엔 서하의 군사력은 우월했다. 송나라는 입으로 싸우는 나라였다. 하지만 전쟁엔 승자가 없는 법! 서하의 피해도 만만치 않아 다시 송나라의 속국이 되기로 화의를 한다. 어쩌면 처음부터 돈을 목적으로 한 것인지도 모르겠다. 다시 한번 돈으로 평화를 사는 것으로 서하족과의 문제도 해결했다. 여기서 끝났으면 좋으련만 이번엔 갑자기 여진족이 부상한다.

---

13 5대 10국 시대에 석경당이 세운 나라. 석경당은 후당을 무너뜨리기 위해 거란에게 연나라 땅 16주를 떼어 주기로 하였고, 중원의 국가들은 이 땅을 거란에게서 다시 가져오려고 애썼으나 결국 가져오지 못했다. 중국엔 서희가 없어서 그랬나 보다.

여진족은 서하를 굴복시킨 후 승승장구하며 요나라까지 멸망시키더니 금나라를 세웠다. 송나라 천재 예술가 송휘종 때의 일이다. 그렇다, 재주는 아름다웠으나 무능한 황제였다. 금나라는 이 무능한 황제를 요나라를 멸망시킬 때 이용하고는 포로로 잡아갔다. 뒤를 이은 송흠종도 잡아가고 황후와 황족들도 잡아갔다. 이 사건을 '정강의 변'이라고 하는데, 다행히 송고종이 황위를 이어 임안으로 수도를 옮겨 송나라의 맥을 이었다. 이때부터를 남송이라고 하고 그 이전을 북송이라고 구분한다. 남송은 금나라에 저항하기도 했지만 결국은 금나라의 신하가 되기로 했다. 요나라에서 금나라로 채권자가 바뀌었고, 땅도 좁아졌다. 영토는 줄었지만 강남의 환경이 좋아 그런지 무역이 활발해져 남송은 작지만 잘 사는 나라였다. 사업체로 치자면 규모를 줄여 이익을 창출한 성공 사례로도 볼 수 있겠다. 하지만 이번엔 쓰나미가 몰려왔다. 몽골족이었다.

한때 '칭 칭 칭기즈 칸~'이란 노래를 뜻도 모르고 '쾌지나 칭칭나네'처럼 불렀던 때가 있었다. 그만큼 우리나라에서 칭기즈 칸을 모르는 사람은 없었다. 아니, 세계에서 칭기즈 칸만큼 잘 알려진 인물은 없을 것이다. 몽골족이 짧은 시간에 어떻게 세계 정복을 할 수 있었는지는 중국사를 연구하는 분들에게 맡기겠다. 나는 그저 칭기즈 칸이 만든 몽골제국이 서하, 금나라, 남송을 차례차례 정벌한 무시무시한 나라였다는 사실만을 말하면 충분하다. 중국사를 공부해 보고 깨달았다. 고려는 그만하면 잘 버틴 셈이다. 머릿속으로 삼별초니 항몽이니 하는 개념들이 스쳐 지나간다. 정말 대단하신 분들이다.

쿠빌라이 칸이 대원大元이라고 국호를 정하고 남송을 정벌하면서 원나라는 중국 역사상 그 어떤 나라도 이룬 적이 없는 광대한 영토를 정복했다. 금나라가 요나라를 칠 때 송나라에게 조력을 요구했듯이, 몽골도 금나라를 칠 때 송나라에게 손을 내밀었다. 손을 내밀면 살려줄 줄 알았겠지만 이번에도 송나라는 당한다. 이 과정은 김용의 작품인 〈사조영웅전〉과 〈신조협려〉를 통해서도 엿볼 수 있다. 〈사조영웅전〉의 주인공 곽정은 몽골에서 자라 몽골족과 함께 금나라를 무찔렀는데, 중년이 된 〈신조협려〉에서는 송나라를 넘보는 몽골족에 맞서 싸웠다. 곽정이 그러했듯 송나라 한족들의 항몽 투쟁에도 불구하고 한족들의 항몽 투쟁에도 불구하고 몽골족은 이민족으로서는 처음으로 중원을 통일했다. 송나라에서 최고의 지위를 가졌던 한족 유학자들은 원나라에서 최하등급의 지위를 갖게 되었다. 아, 정말이지 오랑캐란 무엇인가?

거란족, 당항족, 여진족을 거쳐 몽골족까지 송나라의 북방 이민족은 중국사 그 어떤 왕조보다 강력했다. 왜 하필 그때 그랬는지, 그래야만 했는지 송나라 입장에서는 억울할 법도 하다. 요나라의 소태후, 서하의 이원호, 금나라의 완안아골타,

원나라의 쿠빌라이 칸은 각 나라를 전성기로 이끈 지도자들이다. 이들의 업적은 여느 중국 황제들보다 뒤지지 않는다. 이 모든 일들이 송나라 당시 일어났다는 게 더 놀랍다. 훗날 여진족은 거란족과 합쳐지며 만주족이 되어 청나라를 세우게 된다. 만주족이 송나라 때 등장하지 않은 것만도 다행으로 여겨야 할까?

북방의 유목 민족들이 처음부터 중원을 통일할 목적을 가졌던 건 아니었다. 중국 드라마를 보면, 북방의 민족들이 중원 땅을 넘보는 것은 그저 먹고 살기 위한 경우가 많았다. 세계 지도자가 될 뻔한 칭기즈 칸도 처음부터 세계 정복을 염두에 둔 건 아니라고 한다. 서희가 강동 6주를 쉽게 돌려받은 것이 서희의 외교 능력 때문이기도 하겠지만, 거란이 영토에 큰 목적을 두고 있지 않았기 때문이기도 했다. 하지만 세상을 얻고 나서는 마음이 달라졌을 것이다. 그러니 초반에 북방 민족이 교역이나 이익만 요구했을 때 응했던 송진종이나 송인종의 선택이 현명한 게 아니었을까? 이처럼 대부분의 경우 명분과 실리 사이에서 중국은 명분을 추구했고, 북방의 민족들은 실익을 추구했다. 우리나라도 다르지 않았다. 그때와 지금은 가치관이 다르니 뭐가 옳다 그르다 말하긴 어렵지만, 아무래도 전쟁을 선택한 지도자에게 동의하기는 어렵다. 다시 소환해 본다. 나는 한무제가 싫어요! 송인종이 좋아요!

발명왕 송나라!

엉뚱한 생각을 자주 해 한때 발명왕을 꿈꾸기도 했다. 그렇다고 제안서를 쓰거나 도안을 그린 정도는 아니고 머릿속에서 이런저런 제품을 발명하고는 자아도취하는 유형이었다. 그러니 유노윤호가 진행했던 〈발명왕〉이 얼마나 재밌었는지 모른다. 기상천외한 아이디어들은 대체로 내 머릿속에 있던 아이디어들처럼 쓸모없어 보였지만 '치킨무 일체형 포장 박스'처럼 감탄을 자아내는 발명품도 있었다. 파울이라도 쳐봐야 안타도 칠 수 있는 게 아니겠는가? 그런 면에서 송나라는 장타를 꽤 여러 번 쳤다. 심지어 홈런도 적지 않게 쳤다. 인류사에 획을 그을 만한 발명품이 여럿 발명된 나라이다. 아무래도 학자를 중히 쓰다 보니 연구직 요원들이 많았고, 그에 대한 지원을 아끼지 않아 그들이 마음껏 연구하여 성과가 좋았던 거라고 확신한다. 다시 말해 연구 환경이 좋았다. 돈을 쓸 데 쓰고, 안 쓸 데 안 쓴 나라였다.

그 첫 번째 발명품은 활판 인쇄술이다. 그전까지 사용되던 목판 인쇄술이 페이지 전체를 통째로 복사하는 방법이라면, 활판 인쇄술은 틀에 맞게 활자를 조립한 후에 복사하는 방법이다. 각각의 쓰임은 장단점이 있으나 활판 인쇄술은 해체와 조립이 자유로워 활자를 재사용하여 다른 책을 인쇄할 수 있다는 큰 장점이 있다. 학창 시절에 배운 가느다란 지식의 끈을 또 하나 끌어오자면, 금속 활자를 구텐베르크가 발명했다는 문장이 떠오른다. 하지만 그보다 앞서 송나라에서 목 활판을 발명했으니 활판 인쇄술은 송나라가 최초의 타이틀을 갖게 된다. 현존하는 세계 최고最古의 목판 인쇄물은 우리나라의 《무구정광대다라니경》이요, 현존하는 세계 최고의 금속 활자본 역시 우리나라의 《직지심체요절》이니 결과물에 대한 타이틀은 우리나라가 갖고 있다. 아무튼, 이 목 활판이 발명되는 그 순간이 〈청평악〉에 나오는데 유학자들이 아이들처럼 신기해하고 기뻐하는 모습이 참 순수해 보였다. 역시 학자는 연구할 때 제일 빛난다.

송인종 시대에 활판 인쇄술만 발명된 것이 아니다. 성균 아래에 인재가 나는 법이라고, 인종은 세계 최초의 종이 화폐인 교자交子를 발행하였다.[14] 교자는 처음에 민간에서 시작하였으나 효용성이 좋자 나라에서 발행하기로 한 것이다. 전 세계가 동전으로 거래하던 시기였는데 지폐라니, 과연 종이를 발명한 나라답다. 드라마에서 은궤나 금궤를 대신 옮겨 주는 전문 업체인 표국을 자주 봤는데, 지폐가 발명되고부터는 일이 많이 줄었겠구나, 쓸데없는 걱정을 해 본다. 이때 발명된 지폐가 전 세계로 퍼지고 이로 인해 상업과 무역이 발달하였음은 자명하다. 그 혁신적인 발명품이 지금은 설날 세뱃돈 줄 때밖에 볼 일이 없어졌지만 말이다.

　송나라의 발명품은 이뿐만이 아니다. 송인종에 앞서 송진종 때에는 화약 무기를 만들어 냈다. 화약은 일반적으로 당나라에서 발명한 것으로 알려져 있지만, 이전까지는 축제나 신호용으로 사용되었는데 송진종 때 무기로 만든 것이다. 화약이 세계 4대 발명품이라는 타이틀을 얻게 된 이유가 불꽃놀이 때문은 아닐 것이다. 안타깝지만 무기로써의 가치 때문이다. 그런 면에서 화약의 진정한 발명은 송나라 때로 보는 것이

14　교자는 송인종 시대에 정부에서 공식 발행한 것이 맞지만, 최초의 등장은 송나라 초기 사천四川 지역의 상인들 사이에서 민간이 발행한 어음의 형태로 시작되었다. 이후 정부가 그 효용성을 인정하여 공식적으로 관리하고 발행하기 시작했다. [감수자 주]

적절하다. 화약 무기 제조법이 적힌 책 《무경총요》도 송인종 때에 쓰였다. 다른 문물들은 주변국으로 퍼져 거의 동시대에 전파되곤 했는데, 화약 무기는 군사 기밀이라 전파되기가 어려워 우리나라도 고려 말 최무선이 직접 발명해야 했다. 군사 기밀이 별 의미 없도록 전쟁이 사라지면 좋으련만 지금도 각국은 엄청난 군사 기밀들을 보유하고 있을 것이다.

중국의 4대 발명품으로 종이, 화약, 인쇄술 그리고 나침반을 꼽는다.[15] 종이는 한나라 때 채륜이 발명한 것이지만 그로 인한 지폐는 송나라의 발명품이다. 거기에 화약 무기, 인쇄술도 송나라 때 발명이 이어졌다. 여기에 그치지 않고 나침반마저 송나라 때 발명되었으니 발명 왕국으로 불려도 손색이 없다. 나침반 이전에도 자석의 성질을 이용하여 방위를 알아내는 기술은 있었지만 정확도가 높지 않아 항해에 사용할 수 있을 정도로 발명된 것은 남송 시대로 보고 있다. 고등학교 때 배운 벽란도가 생각난다. 그래, 송나라는 포청천의 나라이기도 했지만 무역의 나라였지? 활발한 무역 활동의 결과 나침반은 중국을 벗어나 유럽까지 건너갔고 이후 세계 항해술의 발달에 큰 기여를 하였다.

---

15   필승畢昇은 송인종 재위 기간인 1041년~1048년 사이에 교니膠泥(찰흙)로 만든 도자 활자를 이용한 활판 인쇄술을 발명했다. 이는 세계 최초의 활자 인쇄술로, 중국의 4대 발명품 중 하나로 꼽힌다. [감수자 주]

4대 발명품 외에도 〈청평악〉에는 황제와 황후가 벼의 품종을 개량하며 이모작, 삼모작에 몰두하는 장면이 여러 번 나온다.[16] 뿐만이 아니다. 용골차라는 농기구도 보급되었으며, 세계 최초로 주식회사도 만들었다고 한다. 조선술도 발달하였으며, 세계에서 가장 긴 인공 운하를 만들기도 했다. 개인적으로는 드라마 〈몽화록〉에서 유역비가 너무나 아름답게 표현한 투차鬪茶도 송나라의 발명품으로 꼽고 싶다. 차를 다려내는 과정을 겨루는 것인데, 지금으로 치면 바리스타 대회와 비슷하다. 유역비만 그렇게 예술적으로 하는 건지 모르겠지만 굉장히 독특하고 아름다운 문화라고 생각한다. 송나라는 이렇게 농업, 상업, 제조업이 모두 발달한 덕분에 평화를 돈으로 살 수 있었던 것이다. 수없이 외침에 시달려야 했지만 그럼에도 불구하고 뛰어난 문화를 일군 나라였다. 일반 서민들의 삶이 잘 드러난 〈몽화록〉만 보아도 백성의 삶은 오히려 당나라보다 나아 보인다. 나 역시도 성군도 많고 명신도 많으며 경제와 문화가 발달했던 송나라에서 살아 보고 싶다.

---

16   송나라는 베트남 등지에서 들여온 조생종 벼占城稻(참파도)를 적극적으로 보급하여 이모작二毛作이 가능해졌고, 이는 송나라 인구 증가와 경제 번영의 중요한 토대가 되었다. [감수자 주]

김용의 '사조삼부곡'

'사조삼부곡'은 이름대로 풀어 쓰자면 '〈사조영웅전〉에서 시작하는 3부작 이야기'란 뜻으로, 시대적으로는 송나라부터 원나라까지의 시기를 다룬다. 시간순으로 〈사조영웅전〉, 〈신조협려〉, 〈의천도룡기〉가 이에 해당하며 지금까지 N회차 제작될 정도로 인기가 높다. 무협물의 고전이라 불릴 만하다. 한때 우리나라에서는 '영웅문 시리즈'로 알려지기도 하였다. 김용은 고룡, 양우생과 더불어 3대 무협 소설 작가로 꼽히나 그중 으뜸은 김용이다. 수많은 작품이 있으나 이 지면에서는 '사조삼부곡'만 다루고자 한다.

〈사조영웅전〉

배경 남송 초기

회차 52부작(〈사조영웅전 (2017)〉 기준)

한 줄 요약 몽골 초원에서 길러진 곽정과 금나라 귀족으로 길러진
양강의 엇갈린 운명과 곽정의 성장담.

시청 포인트 김용 탄생 100년을 기념하여 2024년부터 〈사조영웅전〉의 옴니버스 형식으로 5편의 작품을 방영 중이다. 〈사조영웅전〉의 주인공인 곽정과 황용의 이야기를 집중적으로 다룬 〈철혈단심〉부터 동사와 서독 등 다양한 인물들을 그들의 입장에서 다루었다. 사조삼부곡의 내용을 알고 있는 사람들이 보면 더 좋을 것 같다. 초심자들은 2024년 작품보다는 2017년까지의 작품 중에 아무거나 골라보면 된다.

2003년과 2017년 작품은 같은 감독이 맡은 작품으로, 원작에 충실한 편이다. 2003년도의 작품은 우직한 곽정의 모습이 인상적이고, 2017년 작품은 영리한 황용의 모습이 매력있다. 샤오잔이 주연을 맡은 영화 〈사조영웅전 협지대자〉가 2025년에 OTT로 개봉하였다. 샤오잔(초전)이 연기하는 곽정이라니, 곽정의 순수함만큼은 확보되었다!

〈신조협려〉

배경 남송 말기

회차 41부작(〈신조협려(2006)〉 기준)

한 줄 요약 양강의 아들 양과의 성장담과 스승 소용녀와의
금지된 사랑.

시청 포인트 2006년 작품은 유역비가 소용녀를 맡았는데 목소리부터 발걸음까지 소용녀 그 자체였다. 2019년부터 새 버전이 만들어진다는 소문만 무성하고 아직 제작 여부마저도 알려지지 않고 있다. 현재까지는 2014년 작품이 최근작이지만 〈그 시절, 우리가 좋아했던 소녀〉의 천옌시(진연희)는 소녀는 맞았되, 소용녀는 아니었던 모양인지 평가가 좋지 않다. 다만, 소용녀와 양과 역의 두 배우가 실제 부부가 된 것이 의미라면 의미랄까? 연기에 진정성은 느낄 수 있으리라.

　1995년판 〈신조협려〉는 1994년의 〈사조영웅전〉과 출연진이 이어져 함께 보면 연속성을 느낄 수 있다. 〈신조협려〉를 보며 세간의 시선에 휘둘리지 않는 양과와 소용녀의 태도에 깨닫는 바가 많았다. 김용의 작품은 무협인데 무협 그 이상의 철학을 담고 있다. "우리 일은 우리가 결정한다."던 양과와 소용녀의 대사가 아직도 기억에 남아 있다.

〈의천도룡기〉

배경   원나라 말기

회차   50부작(〈의천도룡기(2019)〉 기준)

한 줄 요약   의천검과 도룡도를 차지하기 위한 각 문파의 갈등 속에 장무기가 모든 편견을 물리치고 무림의 평화를 이끈다는 성장담.

시청 포인트   앞의 두 작품과 시간상 거리가 있어 중복되는 인물은 거의 없다. 다만, 각 문파들이 차지하고자 하는 의천검과 도룡도 안에 앞의 두 작품 속 비급인 《구음진경》과 《무목유서》가 들어있다는 점이 이 세 작품을 하나의 세계관으로 묶어준다. 오래전 드라마이지만 1986년 작품에 대한 평가가 좋아 이때 장무기를 연기한 양조위는 '최고의 장무기'로 손꼽힌다. 심지어 OST도 좋다. 2019년 버전도 재밌지만 안타깝게도 장무기보다 조연인 양소가 주인공을 압도했다. 이때 나 역시 양소 역의 임우신(린위션)에게 반해 버렸다.

　2023년에 사망한 배우 주해미(저우하이메이)의 경우 1994년에는 여주인공인 주지약으로, 2019년에는 아미파의 멸절사태로 연기한 이력이 있다. 2019년에 〈의천도룡기〉가 방영되었을 때, 1994년의 주지약을 기억하는 팬들이 얼마나 환영했는지 모른다. 그녀를 다시 드라마에서 보지 못한다는 점이 불현듯 슬퍼진다.

엉망진창 명나라

〈대명풍화〉

장르	역사물
시대	명나라(영락제~천순제)
출연	탕웨이(탕유), 주아문(주야원), 왕학기(왕쉐치), 위하오밍(유호명)
방송 시기	2019.12.17.~2020.01.23.
방송 회차	64부작

붉은 옷에 화려하게 치장한 황후와 날카로운 눈빛의 황제, 두 사람의 사연을 궁금해하기도 전에 카메라는 시간을 거슬러 정난靖難의 변[1]으로 돌아간다. 반역이란 이런 것이구나 보여 주듯 정난군들의 칼날은 인정사정이 없이 사람들 몸을 지나간다. 베어지는 사람들 사이에서 요행히 살아남은 아이가 둘 있었으니 한 사람은 첫 장면에 등장한 황후 경만주요, 한 사람은 동생 경만인이다. 명태조 홍무제 주원장이 죽은 지 4년이

---

1   명나라 제2대 황제 건문제와 숙부 연왕 주체 세력의 군사적 충돌로, 연왕 주체가 승리하여 영락제로 즉위하게 된다.

지난 때였다. 명태조의 넷째 아들 연왕 주체가 벌인 짓이었다. 그는 초토화된 궁에 들어와 말한다. "아버님, 제가 돌아왔습니다." 그 자리가 원래 자기 자리였다는 듯이.

〈대명풍화〉는 탕웨이가 출연하여 우리나라에서도 화제가 된 드라마로, 제목에서 알 수 있듯이 명나라를 배경으로 하고 있다. 궁중암투물에는 보통 1명의 황제만 등장하는데, 이 드라마는 영락제부터 천순제까지 모두 여섯 이름의 황제가 등장한다. 명나라 초기를 살펴보기엔 더없이 좋은 선택지라고 볼 수 있다. '정난의 변'부터 '탈문의 변'까지 황제들의 수난 시대였고 그사이 황제는 다섯 번이나 바뀌었다. 이 모든 것을 겪은 이가 바로 탕웨이가 맡은 손약미(경만주)이다. 그래서 드라마는 손약미의 시선에서 명나라 초기를 보여 준다.

드라마를 크게 세 부분으로 나누자면 처음은 손약미의 소녀 시절로, 영락제 말기에 해당한다. 영락제는 바로 첫 회에서 정난의 변을 일으켰던 연왕 주체이다. 이때 명나라는 정화의 대항해[2]를 비롯하여 전쟁, 조공 등의 여러 방법으로 세계 곳곳에 힘을 뻗어나간 대국이었다. 대명의 황제 영락제는 아들들이라 할지라도 자기의 자리를 넘보는 것은 결코 허락하

---

2   영락제의 명으로 색목인 출신의 환관 정화가 함대를 이끌고 항해를 떠났고, 선덕제 때까지 총 일곱 번의 항해를 성공하였다.

지 않았다. 도둑이 제 발 저린다고 자기가 벌인 짓을 잊지 못한 모양이다. 드라마 전반부는 손약미가 아니라 영락제가 이끌어간다. 손약미는 영락제를 비롯하여 무언가를 기필코 쟁취하려는 인물들의 대조군으로서 등장한다. 틀린 삶은 없다. 쟁취하려는 삶도, 주어진 삶을 꿋꿋이 살아내야 하는 삶도, 삶은 모두 쉽지 않다. "비 맞는 물풀처럼 내 신세도 부침이 크구나."라며 손약미가 한탄할 때면 꼭 안아 주고 싶어진다. 그때도 지금도 삶은 안간힘을 쓰며 버티는 것이다.

중반부는 손약미의 청년 시절로, 그녀의 남편인 선덕제가 살아있는 기간이다. 선덕제의 귀비가 된 손약미(경만주)와 황후가 된 동생 호선상(경만인)은 점점 멀어진다. 손약미와 달리 권력을 탐하는 호선상의 행동은 위험천만하여 조마조마하다. 실제 역사와는 다른 설정이다. 순종적이었다는 기록과 달리 호선상을 갈등의 씨앗으로 설정한 덕분에 드라마는 끝까지 긴장감을 잃지 않는다.

선덕제가 젊은 나이에 죽어 손약미의 아들인 정통제가 어린 나이에 황위에 오르며 손약미는 손태후가 된다. 선덕제가 젊은 나이에 죽어 손약미의 아들인 정통제가 어린 나이에 황위에 오르며 손약미는 손태후가 된다. 후반부는 손태후 시절의 명나라를 다룬다.

이제부터 명나라는 급격히 흔들린다. 그 중심에 환관 왕직이 있다. 정통제는 왕직의 부추김으로 직접 전쟁에 나서다 몽골에 납치된다. 이 무슨 망신이란 말인가? 이에 손태후는 친아들인 정통제를 폐하고 호선상의 아들 경태제를 황위에 올린다. 친아들을 과감히 폐하며 급한 불은 껐지만 명나라라는 가는 실처럼 끊어질 듯 이어질 뿐이다. 이제 겨우 8대 황제인데, 16대 황제까지 어떻게 버텼나 싶을 정도로 불안해 보인다. 〈대명풍화〉의 제목이 '풍전등화'로 읽힐 정도로 명나라의 운명이 걱정되었다. 도대체 이 나라는 왜 이렇게 맥없이 꺾이는 거지? 드라마는 정통제가 귀국 후 다시 황위에 오르고, 손약미가 궁을 떠나는 것으로 끝이 난다. 내도록 궁을 떠나고 싶어 했는데 드디어 떠날 수 있게 되었다. 버티느라 참으로 애썼다.

　　이 드라마를 보기 전까진 명나라에 대해서는 유교 외에는 특별한 이미지가 없었다. 그런데 드라마를 보고 중국사를 공부하며, 명나라에 대해 놀라기도 했고 더 많이는 실망했다. 맨땅에 맨손으로 일궈 초기 강국을 만들었다는 점은 놀라웠지만 얼마 안 가 무능한 황제들이 연달아 황위에 올랐다는 점은 당황스러웠다. 조선이 그토록 우러러보았던 명나라의 실체가 이랬단 말인가? 자존심 상했다. 간신도 많고 암군도 많은데, 어찌 주변국과 사대 관계를 맺을 수 있었을까? 알면 알수록 여러모로 이상한 나라였다. 그 의문에 〈대명풍화〉가 함께 했다. 그럼, 명나라가 얼마나 이상한지 한 번 떠나 보자.

6장 엉망진창 명나라

명태조는 거지 출신?

〈대명풍화〉를 여는 영락제는 명나라 3대 황제이지만 사실상은 두 번째 황제나 다름없다. 바로 그의 아버지가 명나라를 세운 주원장이고, 2대 황제인 건문제는 4년밖에 재위하지 않았기 때문이다. 영락제는 아버지를 닮고자 애썼다. 도대체 아버지가 어땠길래 그토록 따르고자 했을까? 원나라를 무너뜨리고 다시 한족의 나라를 세웠다고 해서 어느 한족의 명문가나 장군 집안에서 세웠겠거니 생각했다가 거지 출신이 세웠다는 글을 읽고는 조금 놀랐다. 한고조 유방이 평민 출신이라는 것도 특별했는데, 명태조는 거지 출신이라니?

　명나라 태조 주원장은 원나라 말에 가난한 농부 집안의

여덟째로 태어나 '주중팔'이라 불렸다. 끼니조차 해결하기 어려운 처지였다. 하지만 가난한 농부가 곧 거지는 아니지 않나? 거지설은 역시 과장된 이야기였나? 아니다. 주중팔은 가난을 견디지 못해 집에서 나와 탁발승이 되어 구걸로 연명하기 시작했다. 바로 이 때문에 명태조를 거지 출신이라고 부르는 것이었다. 이제야 궁금증이 풀렸다. 그런데 탁발승이었던 그가 어떻게 홍건적의 우두머리가 되고 명나라를 세울 수 있었던 거지? 궁금증이 꼬리에 꼬리를 문다. 그 과정은 드라마 〈주원장〉이 자세하게 보여 준다. 호쥔(호군)이 주연한 〈주원장〉은 정말 '주원장의 모든 것'을 알려 주는 듯 했다.

당시 원나라는 황제도 문제고, 신하도 문제고, 경제도 문제고, 심지어 자연재해까지 왔다. 망하기 딱 좋다. 그럴 때 떡하니 강력한 리더가 등장하면 모를까, 그렇지 않으면 그 나라는 망하고 만다. 몽골족에선 더 이상 그런 리더가 나올 것 같지 않았다. 이 틈을 타 다시 한족이 일어났으니, 바로 홍건적紅巾賊이었다. 누런 수건을 머리에 두르면 황건적이요, 붉은 수건을 두르면 홍건적이다. 황건적은 오래전 후한말에 등장한 세력이니, 나라가 망할 때에는 비슷한 패턴이 있나 보다. 혹시 모르니 나라가 걱정될 땐 잘 지켜보자, 머리에 색깔 수건을 두른 세력이 주변에 있는지.

25세에 홍건적의 병졸로 들어간 주중팔은 1년 만에 군단의 2인자가 되어 이름도 주원장朱元璋으로 고쳤다. 그래, 주중팔은 너무 '남자 1호' 또는 '아들 8호' 같은 이름이다. 이름 덕인지 얼마 지나지 않아 그는 반란군 실세 3인방이 되었다. 그것만 해도 대단한 출세였다. 그랬던 그가 진우량과 장사성이라는 빅2를 물리치고 우두머리가 된 것이다. 가위바위보도 아니고 어찌 그런 일이 있을까? 가진 게 없는 사람이 무언가를 이룰 때에는 주변에 사람을 끌어모으는 재주가 있기 때문이다. 사람만큼 큰 재산이 없다. 그건 평민 출신의 한고조 유방도 마찬가지였다. 유방이 그러했듯 주원장도 인재들의 의견을 잘 받아들였다. 책사 유기(유백온)와 서달 장군 등의 도움을 받아 빅2인 진우량과 장사성을 차례차례 물리치며 홍건적 최후의 승자가 되었다. 그후 1368년 자신의 세력지인 남경에 대명제국을 건국하고 연호[3]를 홍무라 칭한 것이 명나라의 시작이다. 드라마 〈주원장〉 23화에는 "대명은 폐허 위에 세워졌다."는 말이 나오는데, 이는 원말 황폐해진 나라를 뜻하기도 하지만 가난한 농부 출신에서 황제가 된 주원장 자신을 두고 한 말이기도 하다.

---

3   명나라 이전까지는 한 명의 황제가 여러 번 연호를 바꾸곤 했다. 송인종은 41년 동안 연호가 9개나 되었다. 이를 명나라에서는 황제당 1개의 연호만 만들었다. 공부하는 입장에서는 이러한 방식이 매우 편하다. 홍무 1년이면 명태조 첫 해이고, 선덕 3년이면 선덕제의 세 번째 해라는 게 명확하기 때문이다.

공신들의 도움을 받아 명나라를 세웠지만, 황제가 되고 나서부터는 의심이 많아졌다. 개국공신이라고 해도 황제의 권위에 방해가 되면 가차없이 죽이는 냉혹한 면이 있어 '호유옥의 옥', '남옥의 옥'[4]이라 불리는 두 사건으로만 2만 명이 넘게 죽었다고 한다. '토사구팽'이라는 말은 유방 때문에 만들어졌지만 주원장에 이르러 완성된 셈이다. 굳이 이런 걸로 청출어람할 필요는 없는데, 주원장은 열등감이 너무 심했다. 열등감이 심해 그것을 숨기기 위해 절대 권력을 휘둘렀다. 자기 말에 절대 복종할 것, 아니면 모두 죽는다! 빈말이 아니라 진짜로 모두 죽었다.

그 어느 왕조보다도 강력한 황권을 원했던 주원장은 전에 없던 황제 직속 특무 기구인 금의위를 만들었다. 감시만 하는 것이 아니라 옥에 가두고 형을 집행하는 것까지 할 수 있었다고 하니 금의위는 주원장을 빼고는 모두가 두려워하는 대상이었다. 또한 이전까지 집안 어른들에게만 하던 고두례 인사를 황실로 가져와 황제를 알현할 때 다섯 번 절하고 세 번 씩 세 차례, 총 아홉 번 머리를 땅에 찧는 '오배삼고지례'를 하는 예법도 만들었다. '삼전도의 굴욕' 때문에 이것이 청나라

---

4   이 둘을 합쳐 '호람의 옥'이라고 부르기도 한다. 1380년 재상 호유옥, 1393년 장군 남옥을 숙청한 사건을 포함하여 이후 숙청을 모두 합쳐 말하기도 한다. 모반이 그 이유였으나, 조사가 꼼꼼히 이루어졌다기보다는 의심만으로 숙청하였다.

의 예법인 줄로만 알았는데 그 시작이 주원장일 줄이야! 어찌 됐건 명태조는 의도한 대로 '넘사벽' 존재가 되었다. 공포 정치 시대였다. 하지만 황제를 진정 이해한 사람은 마황후 외엔 누가 있었을까? 그 권력이 전혀 부럽지 않다.

하지만 절대 권력자도 사람인지라 목숨이 영원할 수는 없고, 그가 죽으면 후계자가 있어야 한다. 혼란을 막기 위해 적장자 계승의 원칙을 세워 두었고, 다행히 황태자 주표는 모두가 기다리던 차기 황제였다. 하지만 그의 명이 짧을 줄은 아무도 몰랐을 것이다. 이에 원칙에 따라 장손인 건문제가 다음 황위에 올랐으나, 주원장을 쏙 빼닮은 아들 주체가 이빨을 감추고 숨어 있었다. 일찍이 나라를 세울 때, 주원장은 몽골을 의식하여 아들들을 번왕으로 임명해 지키게 하였는데, 그중 가장 두각을 드러낸 이도 넷째 아들 연왕 주체였다. 자기를 쏙 빼닮고 맡은 일도 잘 해내는 넷째가 후계자가 되기를 내심 바랐을 테지만, 어쩔 수 없이 적장자 계승 원칙에 따라 장손을 다음 황제로 삼았다. 그렇게 명나라 2대 황제인 건문제가 황위에 올랐다. 냉혹하긴 했어도 최소한 한 입으로 두말하는 황제는 아니었나 보다. 차라리 이때 그냥 두말했으면 더 평화로웠을지도 모르겠다. 역사엔 가정법이 없다.

변, 변, 무슨 변?

건문제가 즉위하였다. 연왕은 가만히 있었을까? 앞서 말했듯 연왕은 넷째 아들이었고 건문제는 첫째 형의 아들이었다. 첫째 형이 죽었어도 둘째, 셋째 형이 있었다면 넷째인 연왕이 황위를 찬탈하는 데에는 주저함이 있었을 것이다. 하지만 진짜 천명이 있었던 건지 그 형들이 줄줄이 죽어 연왕은 건문제의 가장 웃어른이 되었다. 건문제는 연왕이 두려웠다. 당연하다. 그래서 있는 힘을 다해 선제 공격도 해 봤지만 오히려 그것이 연왕을 불타오르게 했다. 아니, 가만있었어도 언젠가 연왕은 쳐들어왔을 것이다. 다만 그 시기를 건문제가 당겨 줬을 뿐이다.

북방의 능력자 연왕 주체는 드디어 자신을 황제의 자리
에 올리기로 결심한다. 〈대명풍화〉에서 말하기론 연왕이 자기
의 집에서 가축 소리를 방패 삼아 무기를 제작하여 직전까지
아무도 눈치채지 못했다고 한다. 그게 사실인지 아닌지는 모
르겠으나 그가 매우 주도면밀하였다는 것을 보여 준다. 기가
센 신하는 공신이건 충신이건 주원장이 이미 다 죽여서 건문
제에겐 믿을만한 신하도 거의 없었다. 결국 서서히 옥죄어 오
는 연왕의 압력에 환관의 배신까지 겹쳐 건문제는 황위를 내
려놓아야 했다. 이를 '정난의 변'이라 한다. 그렇게 영락제는
명나라 3대 황제에 즉위했다.

단 몇 줄로 정리했지만 '정난의 변'은 4년간 지속되었다.
이 말은 건문제는 재위 기간 내내 숙부와 싸워야 했다는 말이
다. 4년간의 내전이었다. 그런데 정난의 변은 성공했으나 건
문제가 보이지 않았다. 건문제가 있던 궁이 불타 건문제가 죽
었다거나 승려가 되었다거나 하는 다양한 소문이 돌았다. 〈대
명풍화〉에서는 승려가 된 의견을 채택했다. '정난의 변靖難之變'
의 뜻은 '난을 진정시킨 변'이라는 것인데, 적반하장도 유분수
지 난은 자기가 일으켜 놓고 진정을 시켰다니 혼자 북치고 장
구치고, 병 주고 약 주고, 불 지르고 "불이야!" 외치는 꼴이 아
닌가? 차라리 천명을 내세우는 게 낫겠다, 원래 그 자리는 내
자리였다고! 그게 더 설득력이 있어 보이는데, 그땐 "황제 주

변의 어지러움을 진정시켰다"는 변명이 통했나 보다. 역시 역사는 승자의 기록이다. 반역도 변고로 남았으니 말이다.

영락제가 주원장을 닮기는 닮은 모양이다. 대량 학살이 유전병인 듯 반대파를 숙청했다. '정난'의 죄목으로 1만 명 이상이 숙청되었다고 하며, 황제 직속 부대인 금의위를 부활했다. 그것도 모자라 환관으로 구성된 비밀 감찰 기구인 동창까지 추가했다. 강력한 황권이 목적이 아니라 강력해 '보이는' 황권을 원했던 것인가 의심이 든다. 《영락대전》을 집필하는 데에도 집착했던 점이 더더욱 그러하다. 포트폴리오 하듯 하나씩 업적을 만들었다. 현대의 직장이라면 최악의 상사로 뽑힐 사람이다. 자기는 잘한다고 했겠지만 역사란 평가가 냉정하다. 〈대명풍화〉에서는 손약미의 입을 빌려 현대의 평가를 대신한다. 영락제는 손약미에게 이렇게 말한다.

"너희 후대 사람들에게 바라는 게 있지. 날 제대로 평가하길 바란다. 나는 정벌을 위해 '알난하'까지 가 봤어. 덕분에 우리 영토가 배로 커졌지. 과거의 제왕 중에 나 같은 업적을 쌓은 자가 있더냐?"

이에 대해 손약미는 이렇게 말한다.

"백성들이 셀 수 없이 희생됐고 수많은 아이가 부모를 잃었어요."

영락제는 다섯 번째 몽골 원정에서 생을 마감했다. 강력한 전제 군주를 잃었지만 명나라는 손주 선덕제 때까진 어찌 저찌 잘 굴러갔다. 다만, 아들과 손자의 수명이 너무 짧았다. 오래 살았다면 두 사람 모두 성군이 될 수도 있었을 것이고, 그랬다면 명나라는 더 오래 건강했을지도 모르겠다. 하지만 사람 목숨에는 순서가 없고 할 수 없이 어린 정통제가 황위에 올랐다. 롤모델이 없었던 정통제에게 환관들이 들러붙었다. 어린 정통제는 환관들이 밟고 올라서기 만만한 황제였다. 대표적인 환관이 왕진이다. 왕진은 어릴 때부터 정통제의 비위를 맞춰주며 총애를 받았고, 자기의 힘을 키우기 위해 황제를 직접 전쟁에 내보냈다. 물론 자기도 따라갔으니 지략이 있는 이는 아니었던 게 분명하다. 그 결과 군은 전멸하고 황제는 몽골에 납치당한다. 이 사건을 '토목의 변土木之變'이라고 하는데, 명나라 초기였기 망정이지 중반만 넘어갔어도 명나라는 사라졌을지 모른다. 몽골은 황제를 인질로 잡아 협상의 미끼로 삼고자 했다. 돈이든 땅이든 잔뜩 요구할 생각이었으리라.

그런데, 놀랍게도 명나라는 황제를 교체하기로 했다. 정통제의 이복동생인 경태제로 말이다. 그러한 결단은 정통제의 생모인 손약미가 내렸다. 나라를 우선한 결정이었을 것이다. 그만큼 명나라에는 국운이 걸린 문제였다. 황제가 바뀐 마당에 정통제라는 미끼는 협상 카드도 안 되어 몽골은 정통제를 조건없이 보내 준다. 개인으로 보면 다행인데, 황제라는 위치로 보면 좀 굴욕적이다. 미끼가 안 되니 어서 보내 황위 다툼이라도 일으키라는 작전이었다. 이번엔 몽골의 의도대로 되었다. 한때 황제였던 사람과 지금 황제인 사람이 한 궁 안에 같이 살게 되었으니 속이 편할 리가 없다. 둘 중 누가 이길까?

경태제는 임시로 황제가 되었고, 황위를 물려줄 자식도 없고, 몸은 자꾸 아프다. 반면, 정통제는 자식도 있고 건강하며, 어머니가 태후이다. 경태제는 불안했다. 그래서 〈대명풍화〉에서처럼 정통제를 남궁에 가둬 버렸다. 태상황으로 정성껏 예우해 줬더라면 정통제도 지은 죄가 있으니 얌전히 지냈을지도 모르는데 역시 불안을 다스리는 일은 중요하다. 경태제는 그 불안을 견디지 못해 정통제를 해하려고 했고, 이에 정통제는 황위를 다시 빼앗아 버렸다. 그것이 명나라 세 번째 변란인 '탈문의 변奪門之變'이다. 명나라는 이전 왕조들과 달리 각 황제마다 하나의 연호만 썼는데 정통제의 경우 두 번이나 황제가 되다 보니 연호도 이름도 바뀌어 천순제가 되었다. 다행히 정통제였을 때와 달리 철도 들어 안정적으로 나라를 이끌었다고 한다. 다만, 그를 뭐라고 불러야 할지 모르겠다. 요즘 유행하는 부캐도 아니고…… 그래서 그를 묘호인 영종으로 부르는 경우도 많다고 한다. 이해가 간다. 천순제 시기에 천순제를 인정하지 않았던 신하들이 반란을 일으켰는데, 그게 '조흠의 변曹石之變[5]이라나 뭐라나? 아, 정말이지 명나라는 변變 천지다.

　명나라 전기, 네 번의 변變도 다 끝났으니 이제 명나라는 승승장구할 일만 남았을까? 그럴 뻔도 하였으나, 권력의 맛은 쉬이 잊히지 않는 법이다. 환관들은 잊지 않았다. 변을 4개나 해치웠는데도, 아직도 치울 변이 많이 남았다. 나라는 점점 기울어만 간다.

5　우리나라에는 반란자의 이름을 따 '조흠의 변'으로 알려져 있으나 주동자 조흠과 협조자 석형의 이름을 따 한자로는 曹石之變로 표기한다.

동창이 밝았느냐?

이전까지 환관이 나라를 쥐락펴락한 적이 없었던 것은 아니나 그들은 대개 한나라 말기 '십상시[6]'의 모습과 같았다. 그런데 명나라에서 탄생한 환관 조직인 '동창東廠'은 명나라판 SWAT이라 불러도 좋을 것 같다. 그만큼 무예가 출중하고 감찰 및 수사 기관으로서 존재감이 컸다. 내관은 본래도 황제 최측근인데, 조직까지 만들어 주니 위험한 최측근이 되어 버렸다. 게다가 정통제 때 환관 세력은 권력의 맛을 보았다. 왕진

---

6   십상시十常侍는 중국 후한 말 제12대 황제 영제靈帝의 치세 때 국정을 농락한 10여 명의 환관들을 말한다.

의 결말은 비록 처참하였으나, 환관 꿈나무들이 자꾸 등장했다. 중국사 속 간신들을 다룬 《간신전》(김영수, 창해)에서는 중국 역대 간신 18명을 소개하는데, 그중 명나라 간신 4명 중 3명이 환관일 정도이다. 그러므로 명나라의 환관은 명나라가 망해 가는 과정을 이해하는 데에 중요한 키워드이다. 주원장이 이 사람 저 사람 다 죽여 가며 키운 황권인데 고작 환관들 때문에 망하다니, 주원장이 무덤에서 벌떡 일어날 일이다.

중국의 환관이란 고환과 음경을 제거한 후 궁내에 거주하며 황제 및 황가의 비서 역할을 하던 관리들을 일컫는다. 이전에도 환관이야 있었고 그들 중 몇몇은 혁혁한 공을 세워 후세에까지 이름을 날리지만, 반대로 나라를 무너뜨린 환관들도 적지 않다. 종이를 발명한 채륜과 대항해에 성공한 정화가 전자에 해당하며, 한나라의 십상시나 진나라의 조고, 명나라의 위충현이 후자에 해당한다. 특히 명나라에는 10만 명이 넘는 환관이 있었다고 하며, 12개의 환관 부서가 체계적으로 운영되었다. '환관 양성소'라고 해도 과언이 아니다. 따라서 명나라를 배경으로 한 궁중물에는 늘 환관이 비중있게 등장하곤 한다. 심지어 환관을 남자 주인공으로 한 로맨스물(〈부도연〉, 알고 보니 진짜 환관은 아니더라~는 숨은 내용이 있지만)도 있다.

동창은 '동집사창東緝事廠'의 줄임말로, 영락 18년에 만들어진 환관 조직이다. 주요 업무는 첩보 활동으로 국가에 반대하는 세력의 감찰부터 의심스러운 백성의 삶까지 감시했다. 저음엔 단순히 황제를 위해 특명을 수행하는 집단이었으나, 황제의 비호 아래 점점 세력이 커졌다. 수도를 북경으로 옮긴 후에는 황실군인 금의위조차 동창의 아래에 있었는데, 유교 국가에서 환관 집단이 남성 집단보다 위에 있다는 건 상식을 엎는 일이었다. 권한이 커지면 횡포도 심해지는 법이라 환관들의 악행도 늘어가는데 성화제 때에는 이도 모자라 서창을, 정덕제 때에는 내행창이라는 환관 조직을 추가했다. 동창, 서창, 내행창과 금의위를 합쳐 '창위'라고 하는데, 아니 황제 직속 감찰 기관이 이렇게나 많을 일인가? 결국은 자기들끼리도 서로 견제를 하느니 합세를 하느니 난리법석을 치다 명나라만 말아먹었다. 서창과 내행창은 얼마 안 가 없어졌지만 동창은 명나라가 존재하는 동안은 계속 위세를 떨쳤다.

문제는 자기들 힘만 키우는 게 아니라 황권을 약하게 만들었다는 점이다. 동창의 우두머리를 창독, 창공, 제독 등의 다양한 호칭으로 불렀는데 원래는 황제 비서 역할을 하는 환관보다는 낮은 지위여야 했다. 하지만 점점 이를 겸하여 1인자가 되기도 했으니, 그 대표적 인물이 위충현이다. 위충현과 천계제의 콜라보레이션은 간신이 암군과 만나면 얼마나 위험해지는지 보여 주는 사례이다. 한때 동창을 엄당이라 비하(엄 閹은 거세당한 환관을 일컫는 말이다)하며 동림당이 등장하기도 했지만, 결국은 위충현에 의해 탄압되었다. 명나라 말에 이르러서 금의위는 물론 고위 관료들까지 동창의 눈치를 봐야 했으며, 동창은 무소불위의 권력을 가지게 되었다.

다행히 다음 황제인 숭정제가 개혁을 단행하며 환관의 세력을 약화시켰다. 하지만 숭정제의 노력에도 불구하고 명나라는 복구되지 못했고, 숭정제는 명나라의 마지막 황제가 되고 만다. 명나라가 망한 이유가 오직 환관 때문은 아니지만, 오랜 기간 명나라의 정치 체계가 무너진 데에는 환관들의 횡포가 큰 원인이 되었다. 환관이 입만 갖고 있을 때에도 한 나라를 망하게 했는데, 힘과 권력을 가진 집단이 되었으니 망하지 않는 게 더 이상하다. 강력한 황권을 원했던 영락제는 자기 힘을 키우려고 만든 동창이 명나라를 무너뜨렸다는 걸 알았다면 어떤 심정일까? 〈대명풍화〉 속 그의 대사를 되받아치자면, "그래, 지금까지 당신 같은 황제는 없었다."라고 하겠다. 왜 그러셨어요?

궁녀도 관리가 될 수 있다? 없다?

궁에는 환관 외에 궁녀들도 살고 있었다. 환관 조직은 나라를 망하게도 했지만 궁녀 조직 때문에 나라가 망한 경우는 없었던 것 같은데, 그렇다면 궁녀는 조직이 없었던 걸까? 궁녀라고 하면 우리는 대체로 오매불망 성은을 입어 후궁이 되려는 여인들을 떠올린다. 그것은 우리나라 사극을 보아도 마찬가지이다. 하지만 드라마 〈대장금〉에 나오는 궁녀들을 비롯하여 어떤 궁녀들은 후궁이 아니라 전문직 여성들이었다. 다시 생각해 보면 입궁한 모든 여성이 오직 한 남자와의 성관계를 꿈꾸며 신분 상승만을 노렸다는 것은 편협한 생각인 것 같다. 우리나라 사극보다는 중드에서는 좀 더 다양한 개성을 지닌 궁녀들을 자주 만날 수 있었다. 이런 궁녀들을 만날 때마다 기존에 가졌던 궁녀에 대한 편견이 하나씩 사라져 반가웠다.

〈대명풍화〉에서 호선상을 길러 준 여관 호상의의 경우도 그러했다. 이름 한 번 드러내지 않은 채 호상의로 등장해 오로지 직분으로만 살았으며, 죽을 때에도 호상의로 죽는다. 물론 그 삶이 행복했는지는 모르겠지만 최소한 호상의로 사는 동안 그녀는 당당했다. 호선상을 후궁으로 보내고 나서 갑자기 폭삭 무너지고 말지만 그건 어미로서의 감정이었으리라. 어떤 감정 하나는, 일평생을 다스린 99개의 마음을 모두 이긴다.

궁에서 여성이 관직을 얻는 길은 쉽지만은 않았을 것이다. 그래도 관직을 얻을 수 있었다는 게 얼마나 반가운 일인가. 남북조 시대의 북제에 등장한 중국 최초의 여재상이었던 육정의 이야기를 담은 드라마 〈여상육정〉을 보면 중국은 고대 시대부터 여관 시스템이 체계적이었다는 것을 알 수 있다. 다만, 왕조에 따라 그 체계가 들쑥날쑥하고 복잡하여 주원장은 명나라를 개국하며 여관 제도를 손봤다. 새로운 제도를 만들었다기보다는 과거의 제도를 전면 재정비한 것이라 하겠다. 그렇게 만들어진 것이 상궁국, 상의국, 상복국, 상식국, 상공국, 상침국의 6개의 국局과 궁정사司로 구성된 '육국일사六局一司 제도'이다. 시대에 따라 이 이름들이 그대로 사용되기도 하였지만 하는 일은 시대마다 다르니 헷갈릴 수도 있다. 이 글에서는 명나라를 기준으로 말하고자 한다.

먼저 상궁국은 황후를 보좌하고 내궁의 문서를 담당하는 기관으로, 상궁국의 수장은 상궁이라고 불렀다. 우리나라 사극에서는 통상 나이 지긋한 초록색 한복을 입은 궁녀들을 상궁이라 불렀다. 조선에도 분명 역할에 따른 여관의 직책 구분이 있었을 것이지만, 우리나라 드라마에서는 이들을 구분하여 부르는 것을 거의 보지 못했다. 그런데 중드에서 상궁이라는 직책이 나이 든 궁녀의 통상적 호칭이 아니라 문서 업무를 보는 일을 하는 전문직 여관의 우두머리를 칭한다는 점이 신기했다. 육국의 모든 문서가 상궁국을 드나들었으니 육국의 중추적인 역할을 한다고 할 수 있다.

상의국은 예의를 담당하며 그 수장을 상의라고 불렀다. 〈대명풍화〉에 등장하는 호상의가 바로 상의국의 수장이었다. 예를 담당하는 기관의 수장이었기에 그토록 꼿꼿하고 원칙을 지켰구나, 그녀의 태도가 비로소 이해가 간다. 상궁과 상의를 비롯하여 앞으로 소개할 육국의 수장들은 모두 정오품의 품계를 받았다.

상복국은 복식을 관리하는 기관이며, 치장을 돕는 일부터 의복을 관리는 일까지 담당했다. 상공국은 바느질을 담당하는 기관으로, 바느질뿐만 아니라 옷을 만들 때 사용하는 금은보옥도 관리한다. 두 기관의 수장은 각각 상복과 상공이라고 부른다. 중드를 보다 보면 궁녀들이 후궁들의 옷을 만들고 신발을 짓는 모습을 자주 볼 수 있다. 대부분 암투의 수단으로 나온다는 점은 아쉽지만, 그들이 보여 주는 자수 솜씨는 전문 직 여성으로서의 능력을 보여 준다. 당나라를 배경으로 한 드라마 〈풍기예상〉에도 상복국이 나오는데, 실제로 옷을 짓는 일을 하니 명나라로 치면 상공국이 되는 셈이다.

상식국은 주방 및 황제의 식사를 담당하는 기관으로, 수장은 상식이며 상식국을 책임지는 일 외에도 수라의 기미를 보는 일을 맡았다. 우리나라 사극에서 흔히 보는 기미상궁을 떠올리면 된다. 명나라 상식국을 배경으로 한 드라마로 〈상식〉이 있는데 〈대명풍화〉와 시기가 일치한다. 그 드라마에는 수라를 책임지는 기관으로 상식국 외에 환관 기관인 상선감과 궁중의 식사를 총괄하는 광록시도 등장한다. 광록시경의 품계가 종3품이니 상식과 상선감 태감보다 높은 품계를 지닌다.

상침이 관리하는 상침국은 방 관리부터 정원 관리까지 담당한다. 의식주 중 의생활을 상복국과 상공국이, 식생활을 상식국이 담당했다면, 주생활은 상침국이 담당하는 셈이다. 집을 짓는 일이 아닌 이상 집안일이라는 게 티가 나지 않으니, 상침국 역시 눈에 띄는 일을 하는 곳이 아니라서 드라마의 전면에 등장하는 경우는 거의 없다. 다만, 갑작스레 후궁이 들어왔을 때 방을 마련하라는 지시를 하는 장면들은 적잖이 나오는데 바로 이 역할을 하는 곳이 상침국이다.

궁정사는 궁녀들의 징벌과 규율을 책임지는 기관이다. 드라마를 보다 보면 궁녀가 잘못을 저질렀을 때 금의위에서 잡아가려고 몰려오는 장면이 간혹 나온다. 그런데 그때 떡 하니 각 국의 수장이 그를 가로막으며 '궁녀의 죄는 궁정사에서 묻게 되어 있다'고 항변하며 금의위를 물리친다. 풀 포기 같은 그녀들을 지켜 주는 상사가 있다는 사실이 왠지 모르게 감격스러웠다. 궁정사의 이야기를 다룬 드라마가 하나 만들어져도 재밌을 것 같다.

여관의 세계를 알아 보면서 궁녀가 단지 한 남자와의 성관계에 목매는 암컷 집단이 아니라, 각각의 역할에 맞게 전문적인 일을 하는 집단으로서 존재했다는 것을 알게 되어 기뻤다. 물론 모든 궁녀의 삶이 그런 것은 아니었겠지만, 그런 삶이 제도적으로 존재했다는 사실을 발견한 것만으로도 뿌듯했다. 각자의 사정으로 어쩔 수 없이 궁에 들어와 갇혀 살아야 했지만 그 와중에도 자기가 원하는 일을 하기 위해 용기내는 여성들의 이야기들이 더 많았으면 좋겠다. 그런 점에서 중국 최초의 여재상이 된 육정의 이야기인 〈여상육정〉과 암투 때문에 일찍 죽을까봐 황제를 멀리하는 후궁의 이야기인 〈맹비가도〉가 소중하게 느껴진다.

명나라 암군 F4

황제의 사랑을 얻기 위해 암투를 벌이는 삶도 싫지만, 암군의 총애를 받는 삶도 너무 싫을 것 같다. 나라를 말아먹는 주제에 여자나 밝히다니 한심한 생각이 절로 들지 않을까? 폭군보다야 나았겠지만 암군의 비빈으로 사는 삶도 썩 평온하진 않았을 것 같다. 이래저래 후궁의 삶은 장점보다 단점이 큰 듯 하다.

암군暗君이란 명군明君의 반대말로 소극적 의미로는 나랏일에 소홀한 황제를 가리키지만, 명나라의 암군은 그 소홀함을 적극적으로 실천한 황제들을 일컫는다. 적극적으로 놀았단 뜻이다. 일을 안 하니 스트레스도 덜 받아 그런지 대체로 장수하였으니 웃어야 할지 울어야 할지 모르겠다. 명나라 4대 암군의 특징을 쏙 뽑아 그린 캐리커쳐는 나무위키에서 확인할 수 있다. 전국사공자와는 사뭇 다른 뉘앙스의 F4이다. 그 '암군 F4'를 한 사람씩 만나 보자.

먼저, 명나라 열 번째 황제인 정덕제가 있다. 정덕제의 아버지는 성군으로 손꼽히는 홍치제로, 심지어 부부 사이의 정도 깊어 요즘으로 치면 정덕제는 엄친아로 길러졌다. 하지만 너무 귀하게 길러 그런지 힘든 공부보단 놀이를 좋아했고, 황제가 된 이후 환관 유근의 협조 아래 실컷 놀았다. 유근이 누구인가? 동창과 서창을 감시하는 내행창을 만든 환관이다. 유근은 정덕제를 유년 시절부터 모셨기에 정덕제의 놀고자 하는 마음을 빨리 파악해 자신의 사익을 채우는 데에 이용했다. 동창과 서창의 우두머리에 자신의 측근을 임명한 것으로도 모자라 내행창까지 만들었으니 창위를 제 손에 넣고 주물렀다고 해도 틀린 말이 아니다. 다행히, 부모의 사랑을 많이 받은 엄친아 자질이 뒤늦게나마 나타나 유근을 몰아내기도 했다. 〈양릉전〉(2018)을 비롯해 정덕제가 등장하는 드라마들이 몇 있으나 암군이라는 칭호에 맞지 않게 선하게 나오는 경우가 많다. 뒤에 나올 암군에 비하면 뒤늦게나마 성군의 흔적이라도 보여 줬기 때문일까? 아니면 '애는 착해요.'에 해당하는 유형인 건가? 다만, 안타깝게도 너무 늦게 깨달았으며 후사도 없었다. 성군도 후계를 분명히 하지 않으면 혼란을 일으키는 법인데 이후가 더 큰일이었다.

뒤를 이은 11대 황제 가정제는 즉위와 동시에 정체성에 혼란을 겪어야 했다. 친아버지를 아버지라 부르지 못하는 문제로 초기부터 신하들과 갈등을 빚었다. 아마 이때부터 정치에 환멸을 느꼈는지도 모르겠다. 다만 정덕제와 달리 처음부터 환관 세력을 배척한 점은 성군의 자질을 갖추었다고 할 만한데, 안타깝게도 그 자리를 더 나쁜 놈 엄숭에게 내줬다. 그러면서 암군에서 폭군으로의 자질을 키워나갔다. 엄숭은 환관이 아니라 도교에 빠진 가정제에게 도교의 제문인 청사를 잘 지어서 총애를 받은 관리이다. 드라마 〈금의지하〉에서는 그의 아들 엄세번에게까지 권세가 이어진 모습을 볼 수 있다. 엄숭은 명나라를 대표하는 간신답게 우리나라 고전 소설인 〈사씨남정기〉와 〈창선감의록〉에까지 악행이 등장한다. 가정제는 많은 암군들이 그러했듯 불로장생을 꿈꾸며 단약[7]을 오래 먹었는데, 흔히 단약은 중독성이 있어 이를 복용한 황제들은 도리어 단명하곤 했다. 그런데 가정제는 45년이나 재위에 있었

---

7   불로장생을 꿈꾸는 황제들이 도사들을 시켜 만든 약으로, 당연히 불로장생 효과는 없다. 운이 좋으면 좋은 약재를 넣은 보약이겠지만 대체로는 환각 증상을 일으키는 마약이거나 수은이 잔뜩 든 독약이었다. 도교 문화가 발달한 당나라에 단약을 복용한 황제가 많았다. 선의 약이라 하여 다른 말로 선약仙藥, 선단仙丹이라고도 불렀다.

을 만큼 장수했다. 누가 만들었나 단약이 효과가 있었나 보다. 장수는 하였으나 심적으로는 문제가 많아 궁녀들을 잔혹하게 대하기도 했다고 한다. 이에 앙심을 품은 궁녀 16명에게 암살당할 뻔하기도 했으니 가정제에게 원한을 품은 이들이 얼마나 많을지 짐작케 한다. 이런 가정제조차도 뒤에 이어질 만력제와 천계제에 비하면 암군도 아니라고 하니 도대체 뒤엔 얼마나 더 대단한 악당이 등장하려고 그러는지 모르겠다.

13대 만력제는 가정제의 손자로, 장수 유전자를 물려받아 장장 48년을 황제로 살았다. 때 이른 아버지의 죽음으로 어린 나이에 즉위하여 누군가의 섭정이 필요했는데, 그 역할을 맡은 이가 재상 장거정이었다. 장거정은 엄격한 스승이자 명나라 제일의 정치가였으니 두 사람이 다스리는 명나라는 '만력중흥'이라 불릴 정도로 잘 굴러갔다. 문제는 장거정이 10년 만에 죽었다는 점이었다. 그런데 청렴한 줄 알았던 장거정이 죽고 나서 보니 남몰래 엄청난 부를 축적했다는 사실이 밝혀져 모두에게 충격을 주었다. 특히 만력제는 큰 배신감을 느꼈고 이로 인해 30여 년간 정치에 손을 뗐다고 한다. 그래, 스무 살이 넘어 사춘기가 왔다고 쳐서 백번 이해해 보자. 하지만 배신감으로 30년 넘게 일을 하지 않고 놀았다는 게 말이 되나? 그것도 황제가? 편들지 말자, 그는 그냥 무능한 황제였다. 그런데 아이러니하게도 우리나라에서는 이미지가 좋은 편이다.

바로 임진왜란 때 신하들의 반대를 무릅쓰고 지원군을 보냈기 때문이다. 30년간 놀기만 했던 황제가 딱 한 번 열심히 일한 게 임진왜란 때 원군을 보낸 것이라고 하니 중국에서 '조선의 황제'라는 조롱을 받는 것도 이해가 간다. 〈대명빈비〉(2010)와 〈현미경하적대명: 사견안〉(2023)에서 엉망진창인 만력제 시기 명나라 황실을 만날 수 있다.

마지막으로 명나라 멸망의 결정타였던 15대 천계제가 있다. 암군이 다 그렇듯, 천계제도 정치에는 소질이 없었다. 대신 목공예에 타의 추종을 불허할 실력을 갖췄다. 황가에 태어나지 않았다면 예술가로 인정받는 삶을 살았을 텐데, 그 점은 송나라 휘종과 닮았다. 충신을 만났다면 나무나 조각하면서 이번에도 '애는 착해요.' 유형의 황제로라도 살았을 텐데, 안타깝게도 위충현이라는 엄청난 간신이 나타났다. 위충현은 환관이 되고 나서 천계제의 유모와 관계를 맺으며 천계제의 눈과 귀를 가렸고, 동창까지 맡으며 득세를 하였다. 황제에게 '만세 만세 만만세'라고 인사하는 예법을 악용하여, 본인은 '구천세'라는 인사를 받았다고 하니 그 권력이 얼마나 컸는지 짐작할 수 있다. 그나마 천계제가 정덕제, 가정제, 만력제에 비해 수명이 짧았다는 점이 위충현의 악행을 막는 계기가 되었다. 명나라 F4가 싼 똥을 치우느라 숭정제만 애썼다. 하지만 당시 북쪽에는 후금이, 나라 곳곳엔 반란이 일어나 명나라는 멸망을 향해 가고 있다.

　암군暗君이라는 별명은 '어두운 왕'이라는 뜻을 갖고 있다. 무엇에 어두운가? 보는 것도 어둡고, 듣는 것도 어둡고, 생각하는 것도 어둡고, 사람에도 어둡고, 일에도 어둡고 오직 눈앞의 것에만 밝다. 명明나라에 유독 암暗군이 많다는 게 참 아이러니하다. 자금성으로 쳐들어가 우리나라 촛불집회를 전수해 주고 싶다. 우리나라도 암군의 시대들을 촛불로 이겨 냈으니 말이다. 촛불을 켜기 전에 이젠 암군이 등장하지 못하도록 일단 눈에 불을 켜고 지켜 보자!

고장극 수사물

중드팬 중에는 현대물을 좋아하는 분들도 많지만 나는 그게 쉽지 않았다. 중국은 고장극을 잘 만들고, 우리나라는 현대극을 잘 만드니 중드는 고장극만 보자는 생각을 하고 있다. 고장극 중에는 무협물을 가장 좋아하지만 추리물 역시 재밌다. 포청천을 떠올리면 될 것이다. 추리물이라고 하기엔 긴장감이 없는 경우가 많아 수사물이라고 부르는 게 더 맞을지도 모르겠다. 그런 마음 편한 고장극 수사물을 찾는 이들을 위해 굵직한 작품 몇 편을 골라 봤다. 시리즈가 많아 회차는 따로 정리하지 않겠다.

〈판관 포청천〉 시리즈

배경   송나라

한 줄 요약   송나라 개봉부윤인 포청천이 공명정대하게 사건을
해결하는 에피소드들.

시청 포인트   우리나라에서 가장 먼저 인기를 얻은 〈판관 포청
천〉은 1993년에 대만에서 만들어진 드라마로, 최초의 포청천
시리즈는 아니었다. 1974년 대만에서 처음 포청천 시리즈가
방영된 이래 지금까지도 다양하게 만들어지고 있다. 전조를
비롯한 협객들의 무공도 볼 수 있어 무협물의 성격도 강하다.

우리나라에서는 포청천 역할에 금초군(진차오쿤)이 연기한
작품들이 단연 인기가 높았으나 전조역에 대해선 조금 갈린다.
미간에 가득 협의 정신을 박아둔 듯한 하가경(허지아진)파와 냉
철하고 차분한 초은준(자오언쿤)파가 있다. 취향껏 골라 시청하
면 될 것이다. 내용은 거기서 거기다. 대표작으로 배신의 아이
콘인 진세미가 등장하는 〈찰미안(부마처형사건)〉이 있다.

〈적인걸〉 시리즈

배경　당나라

한 줄 요약　당나라 측천무후 시대 재상이었던 적인걸이 장안에서
일어나는 사건들을 해결하는 에피소드들.

시청 포인트　〈판관 포청천〉 시리즈에 비할 정도는 아니지만
〈적인걸〉 시리즈도 적지 않게 만들어지고 있다. 적인걸에 대
한 작품은 드라마보다 영화 〈적인걸 측천무후의 비밀〉이 먼저
인기를 끌었다. 이후 드라마로 적인걸이 주인공인 〈신탐 적인
걸〉시리즈와 〈통천 적인걸〉, 〈적인걸: 대당적공안〉 등이 방영
되었다.

　〈신탐 적인걸〉속 적인걸은 체형과 연배가 포청천과 혼동될
정도였지만, 〈통천 적인걸〉의 적인걸은 초여름 나뭇잎 같이
풋풋하여 〈명탐정 코난〉을 보는 것 같다. 2024년에 방영된 〈적
인걸: 대당적공안〉 속 적인걸은 무공이 뛰어난 셜록 홈즈처럼
등장한다. 심지어 적인걸의 제자가 주인공인 〈당조궤사록〉도
재밌다. 취향껏 골라 보면 된다.

〈금의지하〉(2019)

배경 명나라

한 줄 요약 명나라 수사 기관인 금의위의 수장인 육역과 육선문에 소속된 포쾌 금하가 함께 권세가 엄세번을 둘러싼 사건을 해결하는 에피소드들.

시청 포인트 주연 배우들의 케미가 좋아 많은 중드팬들이 인생 중드로 꼽으며 N회차 시청하는 팬들도 많다. 지금은 믿고 보는 배우가 된 임가륜(런지아룬)과 담송운(탄쑹원)의 풋풋한 모습을 볼 수 있다. 물론 더 풋풋한 모습을 보려면 〈통천 적인걸〉이나 〈옹정황제의 여인〉을 봐야겠지만. 사건 해결 뿐만 아니라 명나라 권신이었던 엄숭, 엄세번 일가의 권력에 대한 정의의 심판도 의미를 지닌다.

방영 당시 누적 조회수 1위를 한 것은 물론, 5년이 넘은 현재까지도 혹시나 시즌2가 있을까 기다리는 팬이 많을 정도로 대중적인 사랑을 받은 작품이다.

〈사대명포〉(2015)

배경 명나라

한 줄 요약 육선문 사대명포에 소속된 냉혈, 추명, 무정, 철수가 각자의 능력을 발휘해서 악의 무리를 처단하는 에피소드들.

시청 포인트 〈금의지하〉가 풋풋한 임가륜과 담송운을 보는 기분 좋은 선물이라면 〈사대명포〉는 로또 당첨이다. 〈사대명포〉는 당시 신인에 가까웠던 장한, 양양, 진위정(천웨이팅), 모자준(마오쯔쥔)이 각각 냉혈, 무정, 추명, 철수 역을 맡았다. 열연을 했다고 쓰고 싶지만 그러기엔 연기적으로는 아쉬움이 있다.

사대명포란 육선문 조직 내에서도 비범한 능력을 가진 4명의 무사를 말하며, 그들의 이름이 예사롭지 않듯이 그들의 능력은 마블 히어로즈의 초능력에 가깝다. 드라마 자체는 아쉬움이 많지만 조직의 비밀스러움만큼은 앞선 다른 드라마들보다 잘 보여 주는 듯 하다. 큰 기대 없이 배우들이 왔다 갔다 하는 것만으로도 흐뭇한 드라마이다.

그 외

여성 오작인(검시관)을 주인공으로 하는 〈어사소오작〉(2021)과 〈대당여법의〉(2020)가 있다. 신분이 다른 두 남자의 수사 과정을 다룬 〈군자맹〉(2023) 역시 재밌는 수사물이다. 무협을 좋아하는 이들에겐 〈연화루〉(2023)를 추천한다. 지금까지 거론한 대부분의 수사물들처럼 옴니버스 형식은 아니지만 마보융의 작품도 재밌다. 〈풍기낙양〉, 〈장안십이시진〉, 〈삼국기밀〉, 〈풍기농서〉 등의 작품 모두 잘 만들어진 수사물 또는 첩보물이다.

7장

뜻밖의 청나라

〈옹정황제의 여인〉

장르	궁중암투물
시대	청나라(옹정제)
출연	천젠빈(진건빈), 손려(쑨리), 장훈(장신)
방송 기간	2011~2012년
방송 회차	76부작

황금색 지붕의 자금성에 하양, 파랑, 노랑, 빨강 색깔별로 각잡고 줄지어 선 군대는 지금 갓 황제가 된 옹정황제의 권위를 드러낸다. 옹정황제는 중년이 되어서야 어렵사리 황위에 올라 치국에 열정적이다. 하지만 나이는 많은데 아들이 적은 게 문제라 드라마는 후궁 선발 대회로 시작한다. 어느 집 아가씨는 집안의 힘을 믿고 오만하고, 어느 집 아가씨는 집안을 세우기 위해 입궁한다. 어느 집 아가씨는 후궁이 되기를 간절히 바라지만, 어느 집 아가씨는 선발되지 않게 해 달라고 부처님께 빈다. 이런 경우 꼭 부처님께 비는 이 아가씨가 후궁에 선발이 되는데, 이번에도 이 아가씨가 주인공 견환이다. 원래 주인공

은 그런 것이다. 〈옹정황제의 여인〉의 다른 제목이 〈후궁견환전〉인 걸로 보아도 이 드라마는 견환이 이끌어 갈 것이 예상된다.

옹정제는 강희제의 넷째 황자로 치열한 정치 싸움 끝에 황위에 올랐다. 황제가 되고도 자리가 불안불안하여 공신이자 변방을 책임지는 장군 연갱요의 눈치를 본다. 하지만 호락호락한 옹정제가 아니다. 발톱을 숨기고 연갱요의 안하무인을 적당히 받아주다가 한방에 숙청했다. 그간 총애했던 연갱요의 여동생 화비마저 내쳤다.[1] 그 전부터 화비 대신 견환을 총애하던 참이니 옹정제는 참으로 주도면밀하다. 황권에 방해가 된다면 버리지 못할 이유가 없다. 그만큼 옹정제는 냉정한 면이 있었다.

갑작스레 총애를 받게 된 견환은 건륭제의 어머니인 효성헌황후를 모티브로 한 가공 인물이다. 건륭제는 청나라 황제들 중 유일하게 출생의 논란을 빚는 황제이다. 명확하지 않다는 것이다. 그래서 〈서검은구록〉이나 〈옹정황제의 여인(후

---

1 실제 화비의 모티브는 연갱요年羹堯의 여동생인 연귀비年貴妃(돈숙황귀비)다. 옹정제는 황자 시절부터 그녀를 총애했으며, 연귀비가 옹정 3년에 사망할 때까지 총애는 이어졌다. 옹정제는 그녀의 죽음을 진심으로 슬퍼했고, 연갱요의 몰락은 그 이후에 일어난 별개의 사건이었다. 드라마는 극적 효과를 위해 순서를 바꾸고 사랑을 거둔 것으로 묘사했다. [감수자 주]

궁견환전))과 같은 작품이 나오게 된다. 그에 대해선 추후에 다시 이야기하도록 하겠다. 〈들장미 소녀 캔디〉의 캔디 같은 캐릭터인 견환은 궁에 들어와 화비와 황후의 견제를 받고, 믿었던 동생은 배신하고, 황제의 사랑은 믿을 수 없어 시간이 지나면서 성격이 변하게 된다. 흔히 흑화되었다고 표현하는 것처럼 화장도 진해지고 표정도 차가워진다. 견환 역을 맡은 손려의 진면모가 드러나는 부분이다.

〈옹정황제의 여인〉은 견환 역할의 손려, 옹정제 역할의 진첸빈, 화비 역할의 쟝신의 연기가 뛰어난 것으로도 유명하지만, 복장의 고증이나 연출 면에서도 좋은 평가를 받는 작품이다. 15년 가까이 지난 작품이지만 아직도 〈옹정황제의 여인〉을 인생 중드로 꼽는 팬들이 많다. 특히 화비의 매력에 빠져 아직도 화비냥냥을 최고의 악역으로 꼽는 이들도 적지 않다. 하지만 아무리 고증이 잘 되었다고 해도 드라마는 드라마일 뿐이니 곧이곧대로 받아들여서는 곤란하다. 대표적인 것이 건륭제의 출생이다. 그럼에도 불구하고 이 작품을 청나라를 공부하는 드라마로 가져온 이유는 강희제와 건륭제의 사이에서 짧지만 큰 성장을 이룬 옹정제의 치세가 강건성세에 묻히지 않기를 바라는 마음이 있었기 때문이다.

〈옹정황제의 여인〉은 궁중암투물의 정석이라 할 수 있지만, 후궁들의 암투마저 이용하는 옹정제의 모습이 더 놀라웠다. 외모마저 고증이 잘되었다는 옹정제의 성격이 잘 드러나는 부분이다. 등극 초기라 거의 일 중독자 수준으로 바쁜데도 짬짬이 후궁들을 돌아가면서 방문하는 것마저 업무 처리하듯 했다. 감정이 없다고는 할 수 없지만 그보단 이성이 우선했으며, 후궁들과의 만남을 세세하게 계획했다. 어쩌면 이것이 실제 황제들의 일과였을 지도 모르겠다. 그래도 순정적인 면이 있어 첫 황후를 잊지 못했으며, 실제 역사에서는 드라마와 달리 화비가 죽은 후 무척 가슴 아파했다고 전해진다. 하지만 아무래도 옹정제의 사랑은 마뜩잖다. 화비와 견환을 비롯하여 수많은 후궁을 바둑판의 바둑알처럼 두며 정치적으로 이용하는 모습이 너무 두드러져 씁쓸했다. 총애와 무관하게 모두가 불행한 삶 같다. 저 옛날 왕소군의 판단이 공감이 된다.

〈옹정황제의 여인〉에는 후궁들 외에 좀 특별한 인물이 둘 더 있다. 바로 옹정제의 아들인 4황자와 옹정제의 동생 과군왕이다. 앞서 드라마를 곧이곧대로 받아들이면 곤란하다고 말했던 인물들이다. 4황자는 열하산장에서 홀로 자랐는데, 견환이 입궁한 지 얼마 안 되어 열하산장으로 피서를 갔을 때 처음 인사를 나눴다. 그 인연이 훗날 양모와 양자 관계로 맺어져 옹정제의 뒤를 잇는 건륭제가 되게 했다. 물론 허구이다. 옹정제의 동생인 과군왕이 견환과 사랑을 하고, 둘 사이에 아들을 낳았다는 점 역시 허구이다. 건륭제도 과군왕도 실존 인물이지만 그 외의 이야기는 야담과 역사를 교묘하게 버무려 창작했다.

일부 인물 간의 관계를 제외한다면 〈옹정황제의 여인〉은 청나라의 문화를 느끼기에 정말 좋은 드라마이다. 팔기군의 배치와 후궁의 시침 문화(이것은 시침인가 납치인가), 청나라 복식, 심지어 옹정제의 외모까지 고증이 철저하다. 이 부분에 대해서는 차근차근히 알아 보고 처음 드라마를 볼 때는 화비냥냥의 매력과 견환의 운명에 그냥 빠지는 게 좋다. 〈옹정황제의 여인〉은 일단 켜면 자의로는 끄기 어려울 정도로 재밌는 드라마이니 말이다. 두어 번 봐도 감탄할 부분이 또 생기는 드라마이다.

갑옷이 왜 이렇게 예쁘담?

〈옹정황제의 여인〉의 첫 회는 옹정제 즉위 후의 조회 장면으로 시작한다. 청나라 특유의 관복과 관모도 인상적이지만 신하들이 입장하는 자금성 곳곳에 서 있는 알록달록한 갑옷을 입은 병사들이 더 눈에 띈다. 계단 아래에는 빨갛고 파란 갑옷을 입은 병사들이 줄지어 있더니 계단을 올라가고 나니 노랗고 하얀 갑옷을 입은 병사들이 지키고 섰다. 갑옷은 어느 시대나 비슷비슷해서 눈여겨본 적이 없는데, 청나라 황궁 병사들은 남달랐다. 이렇게 예쁜 갑옷은 청나라 배경 드라마가 아니고서는 본 적이 없었다. 야간 경비 설 때 보니 하얀 옷을 입은 병사들이 돌아다니던데 눈에 잘 띄라고 그랬던 걸까? 분명 특별한 의미가 있을 것 같아 찾아보다가 만주족 특유의 군사 체제인 팔기군을 알게 되었다.

청나라를 세운 누르하치는 병민일체제도인 만주팔기군을 만들었는데, 점차 이는 사회를 구성하는 조직으로까지 이어져 팔기군이라기보다는 팔기제라고 부르는 것이 성격에 더 알맞다. 처음엔 만주족에게만 팔기제를 적용하다가 홍타이지가 몽고팔기와 한군팔기를 추가하였다. 당연하게도 만주팔기의 가장 지위가 높았고, 몽고팔기, 한군팔기 순이었지만 옹정제가 즉위할 당시 옹정제 옹립에 힘을 보탠 공신이자 총애받던 화비의 오라비인 연갱요는 드물게 한군팔기 출신으로 황제를 위협하는 지위에까지 올랐다. 물론 그 위협이 지나쳐 자기 목숨을 내놓아야 했지만 말이다.

〈옹정황제의 여인〉을 보면 후궁을 들일 때에도 만주팔기, 몽고팔기, 한군팔기의 비율을 맞추려고 하던데, 이는 팔기제가 단순한 군사 조직이 아니라 청나라를 운영하는 중요한 기준이 되었다는 것을 짐작할 수 있었다. 드라마 당시에는 한군팔기 출신의 후궁을 선발하는 때였기에 한군팔기 출신의 화비와 견환이 돋보였을 뿐, 옹정제 때에도 두 황후는 모두 만주팔기 출신이었다. 넘지 못하는 벽이 있었다는 뜻이다. 각 팔기들은 민족만 다를 뿐 비슷하게 운영되었으니 만주팔기를 중심으로 한 번 팔기제의 구성을 알아 보자.

누르하치가 만든 팔기군은 이름 그대로 여덟 가지의 깃발로 구분되었다. 노란색, 빨간색, 흰색, 남색의 깃발 4개와 각 색상의 깃발에 빨간 테두리(홍기는 흰 테두리)를 그린 깃발 4개를 더해 총 8개의 깃발 부대가 된다. 갑옷의 색깔도 깃발의 색깔과 같았다. 알록달록한 갑옷이 그저 예쁘라고 입은 게 아니었단 말씀이다. 각 기의 이름은 전체가 노란색 깃발인 정황기와 빨간 테두리가 있는 양황기, 전체가 빨간색 깃발인 정홍기와 하얀 테두리가 있는 양홍기, 전체가 흰색 깃발인 정백기와 빨간 테두리가 있는 양백기, 전체가 남색 깃발인 정람기와 빨간 테두리가 있는 양람기이다. 각 팔기를 이끄는 이들을 패륵이라고 하는데, 청나라 황족들이 등장하는 드라마에서 들었던 이패륵이니 사패륵이니 하는 호칭이 여기에서 나온 말이다.

팔기 중에서도 황제의 색인 노란색을 지닌 정황기와 양황기는 권력의 핵심에 있었다. 황제의 직속 군대이자 사병과 같은 의미로 볼 수도 있었는데, 특히 정황기는 황제가 직접 이끌었다. 양황기는 정황기를 보완하는 역할을 하였으며 황제의 형제나 자식이 이끄는 경우가 많았다. 홍타이지도 황제가 되기 전엔 양황기를 이끌다가 황제가 되고 나서 정황기를 이끌었다. 이처럼 깃발은 위계의 기능도 가지고 있었으니, 국가의 요직은 정황기와 양황기에 속하는 이들이 차지하였다. 〈옹정황제의 여인〉에서 주인공 견환은 한군팔기로 입궐하여 훗날 뉴호록이라는 만주성을 하사받고 만주 양황기에 오르며 권력의 정점에 이르게 된다. 견환의 예를 통해 팔기제가 군사 제도뿐만 아니라 신분제이기도 하며, 경우에 따라 변동이 가능하다는 것을 알 수 있다.

정황기와 양황기가 황제를 중심으로 구성되었다면 정백기는 황실 수비군을 통솔하는 역할을 했다. 이래서 야간 경비를 정백기가 돌았던 거구나! 돌이켜보니 야간 경비병들의 갑옷들에 테두리도 없었다는 것도 떠올랐다. 역시 아는 만큼 보인다. 정황기와 양황기, 정백기를 통틀어 상삼기라고 하며 이들은 나머지 다섯 기보다 높은 지위를 차지했다. 정백기를 대표하는 인물로는 도르곤이 있는데, 홍타이지의 뒤를 이은 순치제 때 섭정한 인물이다.[2] 붉은 테두리가 있는 양백기는 황궁 밖에서 주로 수도를 방위하는 역할을 하였다. 도르곤에 평가는 좋지 않은 편인데, 그가 섭정을 할 때 정백기, 양백기를 통솔하며 황제처럼 권력을 휘둘렀기 때문이다. 제아무리 도르곤이라도 정황기, 양황기를 지휘할 수는 없었다. 우리에겐 병자호란 때 앞장선 인물이라 더더욱 평가가 좋지 않다. 드라마 〈독보천하〉 후반부에 도르곤이 양백기의 복장으로 등장하며,

---

2　도르곤多爾袞은 정백기를 통솔한 것이 맞지만, 청나라 초기에는 황제와 함께 삼대패륵三大貝勒으로 정백기, 양황기 등을 분할 소유하여 공동 통치하던 시기가 있었으며, 도르곤은 순치제 즉위 후 섭정왕으로서 권력을 장악했다. [감수자 주]

로맨스의 주인공이 된 〈대옥아전기〉에서도 정백기 복장의 도르곤을 볼 수 있다. 비록 황제는 아니었지만 드라마에서 주요 인물로 등장하는 것을 보면, 중국사에서 도르곤의 위치 그리고 정백기의 위상을 엿볼 수 있다.

상삼기는 아니었으나 정홍기와 양홍기 역시 중요한 그룹이었다. 청나라 초기 홍타이지의 형이었던 다이산이 정홍기에 속해 내외적으로 청나라의 기반을 다지는 데에 큰 역할을 하였다. 다이산은 홍타이지의 형이었으나 황제가 되지는 못했다. 홍타이지가 황제가 되기 전까진 대패륵으로서 가장 높은 지위를 갖기도 했으나 황위 다툼을 하지는 않았다. 대신 청나라의 국방을 책임지는 인물이 되었다. 따라서 정홍기는 하오기 중 가장 높은 지위를 지녔으며, 양홍기는 정홍기를 보좌하며 작전 수행 능력이 뛰어난 인재들이 속해 있었다. 온건한 대패륵이자 정홍기를 이끄는 다이산의 모습도 드라마 〈독보천하〉에서 만나볼 수 있다.

이제 마지막으로 정람기와 양람기가 남았다. 국경 지역의 경비 업무를 주로 책임지는 집단으로 중앙 권력과는 거리가 있었다. 따라서 드라마에서도 주변 인물로만 등장하는 편이다. 〈옹정황제의 여인〉은 황궁 내의 이야기라 변방에 있는 푸른 갑옷의 정람기와 양람기는 좀처럼 보기 어렵다. 이처럼 어느 위치에서 어떤 역할을 해야 하는지가 팔기제에 담겨 있으니 청나라의 팔기제는 행정 제도의 역할까지 한다고 하겠다.

　　원나라가 철저하게 몽골족 중심으로 나라를 운영했다면 청나라는 만주족의 국가였지만 몽골족, 한족을 모두 포용하여 이들 모두 지배계급으로 있을 수 있었다. 그 결과 몽고팔기, 한군팔기가 마련된 것이다. 하지만 드라마에서는 보는 것은 주로 만주팔기이다. 연갱요는 흔치 않은 경우였다. 그래도 가능했다는 것만이라도 알아 두자. 자, 이제는 드라마에서 알록달록한 갑옷을 보면 이유도 함께 보일 것이다. '음, 황제가 행차하니 정황기가 호위하는구나!'하고 말이다. '그냥' 예쁜 건 사랑하는 사람의 얼굴밖엔 없다. 모든 것엔 다 이유가 있다. 봉신연의 태자의 이름이 '은교'인 것도, 송나라에 인재가 많았던 것도, 청나라 갑옷이 알록달록한 것도 다 이유가 있다. 그럼 청나라의 복식도 이유가 있을까?

변발 미남의 탄생!

어릴 때 인기를 끌던 캐릭터 중 하나가 황비홍이었다. 황비홍은 청나라 말기에 외세와 싸운 실존 영웅이었는데 그를 연기한 이연걸의 무술 실력이 뛰어나 우리나라에서도 인기가 많았다. 더구나 변발 속에서도 감춰지지 않는 이연걸(리롄제)의 똘망똘망함과 정의로움은 오히려 변발 덕분에 더 빛이 났다. 아니, 변발을 했는데도 저렇게 오목조목 잘생겼다니! 변발에 대한 인식이 달라졌다. 뒤이어 타임슬립 드라마가 유행하고, 그 단골 배경으로 청나라가 빈번하게 선택되면서 중드 팬들에게 변발은 익숙한 헤어스타일이 되었으며, 미남 변별법으로 변발을 기준 삼기도 했다. 진정한 미남은 변발로 검증된다고나 할까? 〈황제의 딸〉의 소유붕(쑤유펑)부터 〈연희공략〉의 허개(쉬카이)까지 변발 미남의 계보도 화려하다. 최근에도 변발 미남들은 꾸준히 발굴되고 있지만 개인적으로는 〈여의전〉의 건륭제였던 훠젠화(곽건화)를 최고로 꼽는다. 장발도 변발도 봉두난발도 훠젠화의 미모를 가로막지 못하지만 유독 변발에서 이목구비가 잘 드러났다.

만주족뿐만이 아니라 각 민족마다 고유의 헤어스타일이 있다. 조선시대 양반들은 상투를 틀고 갓을 썼으며, 〈아스테릭스〉의 바이킹 전사들은 땋은 머리를, 일본 사무라이 무사는 마게를 했다. 사무라이의 마게가 투구 착용의 효율성과 충성의 의미를 담은 것처럼 청나라의 변발도 미남을 변별하는 척도가 아니라 나름의 이유가 있다. 변발은 두상의 앞 절반 이상을 삭발하고 뒷부분은 길게 땋아 늘어뜨리는 헤어스타일인데, 이는 유목 민족의 특성과 관련이 깊다.[3] 한가지 설은 말을 타고 달릴 때 머리카락이 시야를 방해하는 것을 막기 위해서 앞쪽 머리를 모두 밀었다는 것이다. 앞에서 절반 이상이라고 썼지만 유목 생활을 할 때 만주족은 그 이상을 밀어 뒤통수에

---

3   변발은 만주족의 조상인 여진족의 풍습으로, '금전서미金錢鼠尾'라고도 불렸다. 이는 동전 크기만큼의 머리만 남기고 나머지는 밀어버린 후, 남은 머리를 쥐꼬리처럼 길게 땋아 내리는 형태로, 말을 타는 유목 생활에 편리했고, 복종과 충성의 상징이었다. [감수자 주]

한 묶음만 남겨두고 다 밀었다. 운동회 때 앞머리가 날리는 것을 방지하려 앞머리를 한 손으로 누르고 달리던 6학년 여학생들이 떠오른다. 너희도 그냥 다 밀지 그랬니? 또 다른 설로는 투구를 쓰기 쉽게 하기 위해서라고 하는데 이건 좀 납득이 안 된다. 머리카락이 없으면 땀 차지 않나? 더구나 투구를 쓰는 나라가 청나라 하나가 아닌데 그들이 다 머리를 밀지는 않았으니 말이다. 그래서 개인적으로는 앞의 설을 지지한다. 그런데 기왕 밀 거면 뒷머리까지 다 밀지 뒤 한 가닥은 왜 곱게 땋은 거지? 예쁘지도 않은데 말이다. 그건 종교적인 믿음과 관련이 깊다. 만주족은 머리카락에 사후의 영혼이 들어간다고 믿었기에 전사한 사람의 머리카락으로 장례를 치렀다고 한다. 그러니 자신의 죽음을 신경쓰며 뒷머리를 정성스럽게 관리했다고 한다. 왠지 경건한 마음이 들며 변발에 대해 잘 몰라서 폄하했던 모든 순간이 미안해진다. 변발 또한 한 민족의 고유 문화였다는 걸 잊지 말아야겠다.

　유목 민족들의 생활 환경은 비슷하기 때문에 당시 돌궐족, 거란족, 몽골족도 변발 문화가 있었다. 다만 미는 위치나 양, 장식의 사용 등에서 차이가 있는데, 이는 청나라 안에서도 시기별로 달라졌다. 흔히 우리가 청나라 배경 드라마에서 보는 변발은 주로 청나라 말기에 유행하던 형태라 엄밀히 말하자면 초기를 배경으로 한 드라마는 고증이 잘못된 셈이다. 하

지만 앞에서 얘기했듯 청나라 초기의 변발이 머리를 거의 다 밀고 한 가닥 정도만 땋은, 마치 점에 난 터럭같은 스타일이라는 것을 알고 나면 이해가 간다. 그때 그 세계에서는 멋졌을지 몰라도 요즘의 배우로서는 '변발할 결심'이 잘 서지 않을 것 같다. 제대로 변발을 고증하고 분장한 배우가 있다면 앞으로 그를 평생 존경하며 팬이 되겠다.

청나라 초기에는 정복 전쟁이 특히 많았는데, 정복에 성공한 만주족은 그 지역민들에게 변발을 강요하였다. 대부분 반발하였지만 특히 한족의 반발이 심했다.[4] 왜 안 그랬겠는

---

4 《청사고》에 따르면, "留頭不留髮, 留髮不留頭 (머리를 남기려면 머리카락을 남기지 말고, 머리카락을 남기려면 머리는 남기지 말라)"로 알려진 체발령으로 많은 한족이 목숨을 잃었다.

가? 구한말 단발령에 우리나라도 얼마나 반발하였는가를 생각하면 충분히 공감이 간다. 단발도 견디기 힘들었거늘 변발이라니! 명나라의 유교 문화 속에서 살았던 한족이 아닌가. 우리가 단발령에 목을 내놓으려 했던 것보다 더 강한 저항이 있었을 것이다.

나라가 안정되며 정복 전쟁도 줄어들었고, 청나라는 원나라와 달리 한족의 문화를 적극적으로 받아들였다. 이러한 한화는 만주족의 특성을 약화시키는 계기가 되기도 했지만 덕분에 청나라는 300년 가까이 풍성한 문화를 발전·유지할 수 있었다. 한화의 한 흐름으로 변발 역시 후기로 갈수록 머리의 미는 부분이 줄어들어 지금 우리가 드라마에서 흔히 보는 형태의 변발이 되었다. 그런데 어차피 유목 생활도 안 하는데 굳이 변발을 할 필요가 있을까? 기왕 한화 되는 김에 헤어 스타일도 한족 스타일로 바꾸면 안 되었을까? 하지만 변발은 사라지지 않았다. 다시 말하지만, 변발은 만주족 고유의 문화였다. 문화를 포기하는 것은 쉬운 일이 아니다. 변발이라는 두드러지는 문화를 포기하는 것은 청나라의 정체성을 대놓고 포기하는 것과도 같았다. 이에 청나라는 한족 사회에 적극적으로 변발을 정착시켰고, 그 외에도 현재 치파오의 원형이 된 창파오나 말굽형 꽃신 등 만주족만의 복식 문화를 꽃피웠다. 그럼 이번엔 청나라 시기에 피어난 또 다른 복식의 꽃을 만나 보자.

또각또각 하이힐, 뾰족뾰족 손가락!

드라마에 전면으로 등장하는 경우는 거의 없지만 중국 한족 여성들은 꽤 오랜 시간 전족에 시달려야 했다. 문화라기보다는 악습이라고 해야 마땅하다. 송나라 때부터 유행한 전족은 여자의 발을 더 이상 자라지 못하게 작은 신발 안에 가두어두는 것으로, 보통 유아기에서 시작하여 10센티미터 내외로 발 크기를 맞춘다. 작은 발로 걷는 조심스러운 걸음은 아름다움을 의미하기도 했고 '잘 안 걷고 살아도 잘만 산다'는 부의 상징이기도 했다. 지금 우리의 시각으로 보면 아동학대이자 가학적 변태 행위처럼 보일 뿐이지만 무협물에서조차 여성의 발이 매우 특별하게 다뤄지는 것을 보면 중국에서 여성의 발에 대한 페티쉬는 생각보다 깊다.

하지만 이건 한족의 전통이요, 당연히 유목 민족인 만주족에게는 전족 문화가 없었다. 말도 타고 초원을 뛰어다녀야 하는데 10센티미터의 발로 뭘 할 수 있겠는가? 따라서 청나라 초기에는 한족 여성들의 전족 문화를 금지하려는 시도도 있었다. 그건 원나라 때에도 마찬가지였다. 하지만 두 나라 모두 전족을 없애는 데에는 실패했다. 변발은 당했을지언정 전족만큼은 포기할 수는 없다는 한족의 저항 의식 때문이었을까? 아마 여성의 문화라 그냥 뒀던 모양이다. 그러한 방관 때문인지, 저항 의식 때문인지 오히려 청나라 시기에 전족은 더 심해졌다고 한다. 청나라 시기 한족 사대부 집안 이야기를 다룬 소설 《홍루몽》에서도 전족한 여인의 아름다움을 묘사한 것[5]을 보아 전족이 중국에서 사라진 것은 정말 얼마 되지 않은 셈이다. 하지만 중드에서는 전족의 아름다움에 대해 거의 말하지 않는다. 그걸 말하는 순간 논란이 쓰나미처럼 몰려올 테니까.

중국 여성의 발걸음과 신발에 관심이 갖게 된 것은 전족이 아니라 만주족 여성들 때문이었다. 그들은 남다른 걸음걸

---

5   주인공 가보옥賈寶玉이 대관원大觀園에서 여성들의 생활을 관찰하는 장면에서, "只見黛玉款款行來, 步步生蓮(대옥이 느릿느릿 걸어오는 것이 보였고, 한 걸음 한 걸음 연꽃이 피었습니다)."라는 표현이 있는데 '보보생련步步生蓮'은 전족한 작은 발로 인해 짧은 보폭으로 걷는 모습을 연꽃이 피는 것에 비유한 고사성어이다.

이와 신발을 숨기지 않았다. 만주족 여성은 본래부터 굽이 높은 신발을 신었는데, 이는 유목 생활을 할 때 독충과 뱀들을 피하기 위해서였다. 청나라에 이르러서는 굳이 그런 용도로는 높은 굽이 필요하지 않았을 텐데 왜 불편하기 짝이 없는 높은 신발을 계속 신었던 걸까? 나는 이것을 전족에서 이유를 찾았다. 한족 여성들이 전족을 한 이유, 즉 여성스럽고 귀해 보이기 위해서라는 이유 말이다.

〈옹정황제의 여인〉에서 궁중 여인들이 꽃신을 신고 걷는 모습은 마치 평균대 위를 걷는 듯한 모습이라 왕년에 통굽에 발목 좀 꺾여본 사람으로서 불안불안했다. 그래서 항상 시녀들이 따라다니며 붙잡을 준비를 하는 모양이다. 그러한 조심스러움은 전족을 한 한족 여성들의 모습과 닮았다. 만주족 여성들은 한족 여성들의 여성스러운 걸음걸이와 고귀한 이미지를 동경했지만 발을 학대하고 싶진 않았을 것이다. 아니면 이미 커버린 발을 어찌할 수 없었는지도 모르겠다. 그래서 만주족의 높은 굽 신발이 진화하기 시작했다.

청나라 귀족 여성들의 높은 굽 신발은 굽의 모양에 따라 화분저, 마제저, 원보저 등 다양하지만 그중 〈옹정황제의 여인〉에 등장하는 신발은 주로 마제저이다. 신발 바닥의 정 가운데에 높은 굽이 있어 지나간 자리가 말발굽 자국처럼 찍힌다고 하여 마제저라는 이름이 붙은 이 신발은 현대의 하이힐

보다도 훨씬 균형잡기가 어려워 보인다. 인체공학과는 거리가 먼 신발이다. 말이나 신으면 편할라나 모르겠다. 아니 그렇다면, 한족 출신의 후궁은 이미 전족한 발로 마제저까지 신어야 했던 걸까? 발도 아프고 허리도 아프고, 그 고통에 괜히 내 몸까지 아파 온다. 청나라 후궁들이 겉보기엔 도도해 보였는데, 알고 보니 말 못할 고통이 심했구나![6]

건강에는 좋지 않았지만 살랑살랑 조심조심 걷는 모습은 마치 모델들이 런웨이를 걷듯 시선을 끈다. 소기의 목적은 달성한 셈이다. 내 눈에도 드라마 속 청나라 후궁들의 모습이 유독 늘씬해 보인다. 그건 마제저 덕분이기도 하지만 의상 덕분이기도 하다. 당시 후궁들이 입었던 창파오长袍는 현대 치파오의 원형으로, 저고리와 치마가 분리된 한푸汉服와 달리 원피스 형태이다. 유목 민족답게 안에는 바지를 입고 목 바로 아래까지 단단히 여민 직선형의 원피스를 그 위에 레이어드 했다. 원피스는 옆트임이 있어 활동하기도 편했다. 하지만 마제저를 신으면 혼자 앉았다 일어나지도 못하는데 옆트임이 무슨 소

---

6   한족의 풍습이 전족과 만주족의 풍습인 마제저를 동시에 하기에는 신체적으로 어려움이 크기 때문에 아니라고 보는 것이 좋다. 기본적으로 청나라는 전족 금지령도 내리는 등 만주족의 전통을 계승하려는 의지가 강했다. 이는 한족과 만주족의 서로 다른 문화의 이해 과정에서 발생한 오해로 보는 것이 좋을 듯하다. 기본적으로 청나라 황궁의 복식 규정은 만주족의 풍습을 따랐다. [감수자 주]

용인가? 치파오가 뒤늦게 발달해서 그렇지 마제저에 바지 없이 딱 붙는 치파오까지 입었다면 일어났다 넘어질 때마다 낯 뜨거운 일이 벌어질 뻔했다. 어찌 됐든 마제저와 창파오 그리고 옆에 시중을 들어주는 시녀들 덕분에 청나라 후궁들은 늘씬한 매력만큼은 맘껏 뽐낼 수 있었다.

　　마제저로 살랑살랑 걷고 창파오로 늘씬미를 뽐냈지만 그것으로는 2% 부족했다. 그래서 청나라 후궁들은 두 가지를 더 유행시킨다. 첫 번째는 바로 손가락 장식인 호갑투다. 호갑투는 전족이나 마제저와 마찬가지로 당시 여성의 부유함과 고귀함을 드러내는 장식이었다. 청나라 고위층 여인들은 손톱을 길게 길렀는데 긴 손톱은 '집안일 안 하는 손'을 상징했다. 전족과 비슷한 의미였다. 그래서 그 손톱을 보호하기 위해 손가락 장식인 호갑투를 착용했다. 그녀들에게 손톱이 얼마나 소중한지 〈옹정황제의 여인〉에서는 황후가 긴 손톱을 망가뜨려가며 황제에게 연자(연꽃 열매)를 까서 주자, 황제가 "아니 손톱 망가지게 뭐 하러 직접 연자를 깠소?" 물을 정도다. 호갑투의 재료는 금과 은부터 거북 껍질까지 다양하며, 새긴 무늬들 또한 다양하여 현대로 치면 네일아트와 비슷하다. 청나라 말 사치의 대명사인 서태후 역시 호갑투를 즐겨 사용하였는데, 맘에 안 드는 궁녀의 얼굴을 긁는 데에도 사용하고 은 재료의 경우 독을 감별에도 쓰였다고 하니 활용도도 높았다.

　　두 번째 꾸밈은 머리 장식이었다. 마제저는 허리 디스크를 유발할 것 같던데 머리 장식을 보니 목 디스크가 걱정되었다. 이쯤 되면 청나라 후궁은 정말 극한 직업 아닌가? 이전 한족 왕조들과 확연히 다른 문화들이지만 아무리 보아도 유목 민족의 자유로움이 느껴지지 않다. 오히려 여성들에겐 더 보수적이고 억압적인 태도를 보인 것 같다. 뭘 얼마나 이쁘게 보이려고 머리에 판까지 올렸나 의아하다. 아무튼 청나라 여성들은 양쪽으로 머리를 갈라 단정하게 모양을 잡은 '두 다발 머리', 즉 양파두兩把頭를 했는데 후궁들은 여기에서 더 나아가 가짜 머리 틀을 보탰다. 그 틀이 처음엔 머리의 양쪽으로 뻗어나가는 정도였다가 청나라 말기에는 커다란 판을 대고 그 판에 주렁주렁 장신구를 다는 대랍시大拉翅가 등장한다. 지위나 총애가 클수록 머리 장식도 더 크고 화려했다. 〈옹정황제의 여인〉을 예로 들면, 화비가 총애를 받을 당시에는 머리에 한 짐을 이고지고 다녔으나 죽음을 앞두고는 머리 장식을 전혀 하지 않았다. 견환 역시 입궁 초기와 후기의 머리 장식이 달라졌다. 이는 우리나라 역사에도 비슷하게 등장한다. 바로 가체이다. 가체로 지위나 미적 욕구를 과시해서 정조는 가체 금지령을 내렸는데, 청나라 황실에는 그런 황제는 없었던지 뒤로 갈수록 대랍시가 극대화되었다. 서태후 때에는 얼마나 커졌을지 상상이 되지 않는다. 아무리 경량으로 만든다고 해도 목디

스크 안 걸리려면 두 손으로 모시고 다녀야 할 것 같다. 청나라 후궁에겐 최소한 두 명 이상의 시녀가 계속 따라다녀야 하지 않았을까?

　비단 산업이 발달한 청나라답게 후궁들의 비단옷을 보는 것만으로도 웬만한 미술 전시회를 보는 것보다 좋았는데, 거기에 호갑투와 머리 장식까지 발달하니 어느 왕조의 후궁들보다 화려했다. 그저 봤다면 황후의 우아함, 화비의 화려함, 심미장의 단아함을 보는 재미로 느꼈을 텐데 공부를 해버려서 이제는 머리 장식만 봐도 누가 총애를 받는지, 누가 힘을 가졌는지, 어떤 성품을 지녔는지까지 분석하게 된다. 한 떨기 꽃이 흔들흔들 걸어 다니는 듯했을 청나라 황궁을 떠올리니 이젠 그것을 그저 아름답다고는 말하기 어렵게 되었다. 여인들이 떼 지어 그저 황제 눈요기하라고 그 고생을 했다니 슬프기까지 하다. 이럴 땐 모르는 게 약이다.

　꽃신부터 머리 장식까지 청나라 궁중 여인의 복식에 대해 적고 나니 이 모든 것을 착용한 여인을 상상하게 된다. 대랍시에 거대한 꽃장식과 떨잠을 잔뜩 달고, 10센티미터 되는 마제저를 신고, 여덟 손가락에 꼬깔콘의 10배쯤 되는 길이의 금속 호갑투를 착용한 여인의 모습 말이다. 당나라 7단계+α 화장을 마친 여인과 이 청나라 여인 중 하나로 골라 태어나라는 미션이 주어지면 어쩐다? 진지하게 고민을 해 봤다. 차라리 그냥 전족이 나으려나? 아, 이런 상상을 뭐하러 하는 거지? 정신 똑바로 차리자! 난 핸드 카트를 법기로 지니고 검을 타고 날아다니는 절세 미녀 신선으로 태어날 거다! 중요한 건 꺾이지 않는 마음!

옹정제 패싱? 강옹건성세!

청나라를 배경으로 한 드라마는 대체로 강희제와 건륭제 시기에 몰려 있다. 그도 그럴 것이 강희제는 중국 역사상 유일하게 '대제'라는 호칭이 붙는 황제요, 건륭제 시기에 청나라는 전 세계 인구의 삼분의 일을 차지했던 대국이었다. 심지어 두 사람은 장수하여 치세 기간은 남은 황제들의 재위 기간을 모두 합친 것과 비교해도 크게 모자라지 않다. 얼마나 할 이야기가 많을 것인가? 그리하여 이 시기를 '강건성세康乾盛世'라고 불렀는데 나는 그 이름이 왠지 옹정제 패싱을 한 듯해 맘에 들지 않았다. 다행히 최근 옹정제에 대한 재평가가 이루어져 그의 이름을 꼭 넣어 '강옹건성세康雍乾盛世'라고 부르니 나도 옹정제도 서운함이 좀 가신 듯 하다.

　옹정제가 누구인지 대중적으로 존재감을 높여 준 데에는 드라마 〈옹정황제의 여인〉의 역할도 적지 않다. 그뿐만 아니라 강희제 시기 드라마인 〈보보경심〉과 〈궁쇄심옥〉에서 등장하는 4황자 윤진(옹정제의 이름) 덕분이기도 하다. 이처럼 옹정제에 대한 대중의 관심은 드라마에서 키웠다고 해도 과언이 아니다. 그렇게 나 역시 관심을 키워 더 알아 보니, 아니 이럴 수가! 옹정제는 결코 패싱당해선 안 되는 인물이었다. 개인적으로는 건륭제보다도 더 중요한 인물이라고 평가한다. 그러므로 옹정제까지 야무지게 챙겨 넣어서 '강옹건성세'라고 부르고 이 시대에 대해 알아 보자.

　강옹건성세의 첫 번째 주자는 강희제이다. 개인적으로는 셋 중 강희제를 가장 좋아한다. 여덟 살이라는 어린 나이에 황위에 올랐으나 외세의 침략을 막고 반란군을 제압하였으며, 권신 오배를 숙청하는 등 업적을 많이 세웠다. 미담이 끊이지 않아 그를 주인공으로 한 드라마들도 그에 대해 호의적으로 그리고 있다. 중국인들이 좋아하는 황제 TOP3 안에 꼭 드는 황제이다. 하지만 나는 이러한 점보다는 평생 배움에 게으르지 않았다는 점이 가장 인상깊었다. 많은 황제가 말년에는 불로불사를 꿈꾸며 단약에 취해 산 것과 달리 마지막까지 과학적인 삶을 추구했다. 과학적 사고를 하는 전제군주라니, 알면 알수록 매력 있다. 이러한 매력을 김용 작가도 느꼈는지 좀처럼 황제의 이야기는 쓰지 않은 작가인데도 〈녹정기〉에서 소년 시절의 강희제를 순수하고 총명한 모습으로 그려, 강희제에 대한 애정을 숨기지 않았다. 이런 강희제에게도 흠이 있었으니, 그건 바로 아들이 너무 많았다는 점이다. 오래 살았으니 그럴 만도 한 것인가, 아니면 일론 머스크처럼 좋은 유전자를 널리 퍼뜨리려고 한 건가 모르겠지만 그 때문에 차기 황위 다툼이 치열했다. 〈보보경심〉과 〈궁쇄심옥〉도 바로 이 황위 다툼을 다룬 드라마들이다. 후궁암투물이 아닌 황자암투물이다.

이 황위 다툼의 승자는 네 번째 아들인 윤진이었다. 원래대로라면 윤진, 즉 옹정제는 황제가 될 순위가 아니었다. 장자도 아니고 심지어 적자도 아니었다. 그러다 총애받던 황자들이 차례대로 강희제의 믿음을 잃어 그 틈에 숨죽이고 있던 옹정제가 수면 위로 드러났다. 황후가 옹정제를 지지한 덕분이기도 했다. 60여 년간의 강희제 치세 속에서 주도면밀하게 기다릴 줄 알았던 옹정제의 성격도 한몫했을 것이다. 만만치 않은 성격을 〈옹정황제의 여인〉에서 수시로 볼 수 있다. 황자의 삶이란 주도권을 쥐어도 불안하고 뺏겨도 불안한데, 이 모든 시간을 단단하게 버틴 옹정제의 정신력이 존경스럽기도 하고 두렵기도 하다.

옹정제는 부패 관리들을 척결한 점, 머릿수대로 세금을

내던 인두세를 폐지하고 토지 규모에 따라 세금을 걷는 지정 은제를 실시한 점이 업적으로 평가받고 있다. 후궁들의 삶부터 지방 관리들의 삶까지 속속들이 직접 살피며 일 중독자로 산 덕분이다. 통제 욕구도 강하고 남을 쉬이 믿지 않는 성격 탓에 모든 일을 자기가 챙겼다. 이런 옹정제의 노력으로 청나라는 인구가 증가하고, 부유하고 강해졌다.[7] 아버지만큼 오래 살지도 않아 자식도 별로 없었지만 그래도 본인이 황위에 올랐을 때의 치열함을 피하려 건청궁 편액 뒤에 다음 후계자를 미리 지정해 넣어두는 것을 전통으로 만들었다. 이를 '태자밀건법'이라고 하는데, 이 덕분에 이후에는 후계 다툼이 없었으며 청나라에는 암군이 거의 나타나지 않았다.

하지만 대단한 업적들에도 불구하고 옹정제가 매력적으로 느껴지지는 않는다. 특히 강희제가 서구의 문명을 받아들인 것과 달리 서구와의 교류를 거부하고 황권 강화에만 집중한 점이 못마땅하다. 옹정제 시기 서양은 계몽주의와 과학혁명의 시기였고, 식민지 개척이 시작되었는데 아버지의 열린 마음을 물려받진 못한 모양이다. 옹정제가 닫아건 빗장은 건륭제에게도 이어지고, 건륭제는 그 빗장을 다시 열 필요성을

---

[7]　당시 인구수가 데이터상으로도 급증하는 모습을 보이는 이유이나, 이는 실제 인구가 증가했다기보다 출생 신고하지 않았던 자식들이 드러나면서 증가했다고 볼 수 있다. [감수자 주]

못 느꼈다. 건륭제가 받은 청나라는 혼자서도 풍족한 나라였기 때문이다. 건륭제는 이 좋은 나라를 받아서 얼마나 키워 냈을까?

건륭제는 무엇보다 미남 황제로 알려졌다. 물론 미의 기준이야 시대에 따라 다르겠지만 드라마에서 강희제나 옹정제와 달리 주로 미남 배우들이 건륭제의 역할을 맡곤 한다. 외국 사신들도 코가 오똑한 건륭제의 외모를 본국에 보낸 보고서에 기록했다고 한다. 정소추, 녜위안(섭원), 훠젠화 등 당대 미남 배우들이 건륭제를 연기했다. 아무튼 미남에 금수저라니, 이러한 까닭으로 건륭제는 중국 역사상 가장 행복한 황제로 꼽힌다. 황제가 되는 데에 다툼도 없었고, 아버지에게 물려받은 청나라는 가만히 두어도 번창했다. 모든 게 순조로웠다. 그래서 건륭제는 남방으로 순시도 자주 다니고, 전쟁에도 열 번이나 나갔다고 자랑하곤 했다. 보여 주기 식이었다. 만약 어려운 시절이었다면 비난거리였을 테지만 전 세계 인구와 GDP의 삼분의 일을 차지한 때라 자랑거리가 되었다. 시대를 잘 타고났다. 그래서 건륭제 때의 드라마는 대체로 미남 황제를 사이에 둔 여인들의 다툼이 주제가 된다. 거, 팔자 참 부럽다.

문제는 건륭제 이후였다. 앞서 말했듯 청나라 황제들은 암군이 거의 없었지만 건륭제가 키운 아부의 달인들이 있었다. 날이 갈수록 관리들의 부패도 심각해졌다. 건륭제는 옹정

제처럼 직접 빨간펜 그어 가며 보고서를 검사하는 타입도 아
니었고 강희제만큼 바른 생활 사나이도 아니었다. 더구나 외
침도 적어 팔기군의 전력도 뚝 떨어졌다. 강희제와 옹정제
에게 받은 번영을 건륭제는 60년간 혼자 탕진하고 아들에게
는 겉만 번지르르한 나라를 물려줬다. 희대의 간신인 화신까
지 덤으로 얹어서 말이다. 홍콩 드라마 〈천명〉에서 화신 때문
에 골머리를 썩이는 가경제의 모습을 볼 때면 나조차도 건륭
제가 원망스러웠다. 남들 보기엔 거대 유산을 물려받은 듯 보
이지만, 알고 보면 빚만 잔뜩 진 나라였는데, 이것을 수습해야
하는 가경제가 안쓰러웠다.

건륭제는 아무래도 과대 포장된 면이 있는 것 같다. 드라
마만 봤을 땐 그저 좋은 아버지요, 잘생긴 남편이었는데 앞뒤
시대 공부를 해 보니 내가 싫어하는 한무제랑도 좀 닮은 것만
같다. 자신에게 취한 듯한 모습이 말이다. 건륭제 치세에는 영
국의 사절단이 삼궤구고두례를 안 했다고 호통도 치는 강국
이었지만, 본국으로 돌아간 사절단은 청나라가 곧 산산조각
날 것이라고 진단했다.[8] 혼자만 잘살면 무슨 재미인가 묻던 한

8　매카트니는 비공개 기록으로 중국을 다음과 같이 묘사했다. "중화제국은 낡고
미친 일등 전함같다. 운 좋게 유능한 관리들이 150년 간 배를 띄워왔지만 그저 덩치
큰 겉모습으로만 이웃 나라를 저지할 수 있었다. 하지만 능력 없는 사람이 갑판을 지
휘하는 순간, 이 배는 끝장날 것이다. 어쩌면 당장 침몰하지는 않을 수도 있다. 난파

어른의 말이 떠오른다. 건륭제는 청나라를 쇠퇴의 길로 틀어 두고 혼자만 재미나게 잘 살다 갔다. 거, 참 인생 저밖에 모르고 살았구나!

　건륭제가 닫아건 서양에 대한 빗장은 가경제와 도광제 때 더 단단히 걸어 잠갔고 이로 인해 청나라는 고립된다. 간혹 변법이니 양무운동이니 하는 소규모 개혁이 있었으나 너무 늦었다. 옹정제 때부터 조금씩 개방을 했어야 했다. 청나라의 몰락은 옹정제 발단, 건륭제 전개, 도광제 위기, 서태후 절정, 선통제 결말로 구성된 한 편의 잘 짜여진 소설 같다. 하지만 역사는 소설이 아니다. 성세라는 이름에 어울리지 않게 건륭제 이후 곧바로 서구 열강과 일본에 난도질 당하는 청나라를 보니 허망하다. 이토록 처참한 어둠이 찾아올 거라면, 성세라는 이름은 의미가 없지 않을까? 그래, 성세는 바라지 않겠다. 적당히 밝고 적당히 어두워 평화와 고통의 진폭이 크지 않은 세상에 살고 싶다. 청나라 백성들도 그렇지 않았을까? 지금 우리 세상은 어떨까? 갈피를 못 잡겠다. 어쨌든 지나친 밝음은 아니니 지나친 어둠이 오지는 않을 것 같아 일단 안심이다.

선처럼 얼마간 표류하다가 해안에 산산조각 날 것이다. 그러나 이 낡은 배는 회복되지 못할 것이다."

가면인 듯 가면 아닌
가면 같은 분장?

몇 년 전, 제주도 산방산에서 유람선을 타는데 기대치 않게 갑자기 공연을 보게 되었다. 티켓 요금에 '변검' 공연이 포함되었단다. 변검이라니, 어릴 때 예능 프로그램에서나 봤던 신기한 공연이 아닌가? 이상하게도 애들은 별 감흥이 없더라만 나는 신나게 물개 박수까지 치며 봤다. 도대체 가면을 저렇게 빨리 벗으려면 얼마나 많이 훈련을 해야 하는 걸까, 가늠하니 박수 소리가 더 커졌다. 세상에 아무리 신기한 것이 많아도 몸을 단련시키는 것만큼 큰 감동은 없는 것 같다. 〈화천골〉에서 수행자들이 검에 올라타기 위해 수없이 떨어지는 과정을 거쳐야 하듯 인간의 몸이 어떤 경지에 이르는 것은 감히 가늠할 수 없는 노력이 필요하다. 의지박약한 나로서는 죽었다 깨도 불가능한 일이다. 백생백세는 살고 죽어야 가능하려나? 이런 점이 멋있어서 내가 올림픽 경기 관람을 밤을 새어 가며 본방 사수하는 모양이다.

　변검 공연은 가면을 벗는 속도도 놀랄 만하지만 가면들 자체도 굉장히 강렬하다. 가면이라고 하기엔 분장처럼 보이기도 하지만 분장이라고 하기엔 피부가 걱정될 정도로 색이 진하고 무늬가 과장되었다. 이 가면과 비슷하게 진한 분장을 하는 경극 공연이 떠올랐다. 높은 톤의 대사와 화려한 분장으로 감각되는 경극을 우리나라 대중에게 각인시킨 것은 영화 〈패왕별희〉였다. 영화에서 두 배우의 감정이 분장 아래에서 드러났던 장면들이 스쳐 지나간다. 어릴 땐 영화가 전달하는 메시지들을 감당할 능력이 모자라 〈패왕별희〉를 끝까지 못 봤다면, 지금은 그 메시지들이 너무 잘 전달될까 봐 차마 못 보겠다. 그래서 내게 〈패왕별희〉는 경극의 메신저로 더 크게 남아 있다.

　트롯 전성기, 발라드 전성기를 거쳐 현재 K-POP이 전 세계적으로 유행을 하는 것처럼, 중국도 시대마다 유행한 문화 장르가 있었다. 앞서 당송팔대가를 이야기하며 언급한 바와 같이 송나라에는 사詞가 유행했듯 원나라에는 잡극이 유행했다. 경극은 원나라의 잡극이 변형되어 건륭제의 팔순 잔치에

선보이면서 유행하기 시작했다고 전해진다. 그런데 이상하다? 〈옹정황제의 여인〉에서 황후가 경극을 보러 가자고 청하던데? 약간의 오류일 수도 있고, 어쩌면 경극 비슷한 것이 있었을지도 모르겠다. 옹정제나 건륭제나 멀지 않은 시기이니 그러려니 넘어가자. 〈홍루몽〉과 같은 귀족 집안의 이야기에서 종종 할머니가 가족들에게 경극을 보러 가자고 청하는 장면처럼 경극은 당시 상류층이 즐기던 고급 문화였다는 것만 알아 두자.

경극京劇은 2010년 유네스코 무형 문화 유산으로 등재되었는데, 그대로 풀이하면 '북경北京의 연극劇'으로 청나라의 수도였던 베이징을 중심으로 발달했다고 하여 붙여진 이름이다. 그래서 서양에서는 경극을 '베이징 오페라'라고 부른다. 변검의 다른 이름인 천극川劇이 쓰촨四川에서 유행한 극이라는 것과 같은 원리이다. 경극도 서양 오페라처럼 '창唱(노래)', '념念(대사)', '작作(동작)'으로 구성되지만, 거기에 '타打(무술 동작)'가 추가되는 점이 다르다. 종합 공연 예술이라는 말이 딱 맞다. 의상과 분장은 화려한 반면, 무대 배경은 거의 없다고 할 정도로 오직 배우들의 능력에 의지한다. 동작보다 노래가 강하면 문극이라 하였고, 동작이 강하면 무극이라고 하였다. 내가 TV로 본 경극은 주로 긴 창을 휘두르는 무극이었다. 〈삼국지연의〉와 같은 영웅담이나 〈패왕별희〉 같은 사랑 이야기가 흔한 주제였다.

경극은 생生(남자 주인공), 단旦(여자 역할), 정净(특색 있는 남자 역할), 축丑(익살 캐릭터) 등으로 역할을 나누는데 초반엔 이 모든 역할을 남자 배우가 맡았지만 문화대혁명 이후로는 여성 배우들도 참여하게 되었다. 〈패왕별희〉에서 단의 역을 맡은 데이의 인생 역정이 다시금 떠오른다. 차마 다 보지도 못한 영화이지만 데이를 생각하면 마구 마음이 아파온다. 실제로 장국영(장궈룽)은 데이를 소화하기 위해 당시 최고 실력자인 장만링에게 경극을 배웠는데, 학습 능력도 빨랐고 열성적으로 배워 모두를 놀래켰다고 한다. 그만큼 〈패왕별희〉 속 경극 장면은 뛰어났다. 그러니 이 글을 읽는 독자 중에 경극에 대한 최초의 경험이 〈패왕별희〉라고 해도 그것이 결코 보잘 것 없지 않다는 뜻이다.

경극은 과장되면서도 절제된 동작이 특징인데, 가만히 보면 왠지 익숙하다. '어디서 봤더라' 한참을 고민했는데 불현듯 포청천이 떠올랐다. 물론 포청천도, 포청천을 연기한 진초쥔도 경극과는 무관하지만 드라마 속의 과장된 몸짓과 분장은 경극과 많이 닮았다. 특히 포청천의 얼굴을 떠올려 보라. 자연인의 얼굴이라기보다는 분장이라는 게 더 믿을 만하다. 실제로 경극에서도 포청천과 같이 강직하고 정의로운 인물은 얼굴 분장을 검게 하였다고 하니 〈포청천〉 드라마를 만들 때 경극을 염두하지 않았을까? 여담이지만 1993년에 방송된 〈포청천〉 시리즈 중 〈찰미안〉에는 포청천 저리 가라 싶은 분장을 한 남자 주인공이 등장한다. 조강지처를 버린 배신의 아이콘인 진세미 역이었는데, 이때 역할을 맡은 배우 양화이민(양회민)이 경극 배우 출신이라고 한다. 경극 부심이 느껴지는 분장이었다. 궁금하면 찾아보시라, 분장으로 포청천에 뒤지지 않겠다는 결의가 느껴진다.

경극의 과장된 얼굴 분장을 '검보'라고 부르는데, 포청천의 예에서 볼 수 있듯이 얼굴의 색으로 그 사람의 성격을 드러냈다. 관우와 같이 용기 있는 인물은 빨갛게 얼굴을 칠하고 눈썹과 수염 등을 검게 그린다. 조조와 같이 교활한 인물은 하얗게 얼굴을 칠하며, 장비는 일반적으로는 용맹함을 나타내는 초록 분장을 하나 때로는 강직함을 드러내어 파랑 분장을 하기도 한다. 황제는 노랑, 수호지의 우송과 같은 복합적 성격은 여러 색을 같이 사용한다. 쿨톤, 웜톤도 아직 따져 보지 못했지만, 경극의 분장을 공부하며 문득 나는 어떻게 표현되려나 궁금하다. 초록으로 칠하면 피오나 공주처럼 보일 듯하니 아무래도 용맹함만큼은 포기해야겠다.

경극의 분장, 공연 내용, 배우 구성 등의 요소는 다른 나라에선 보기 힘든 중국만의 문화 자산이라고 할 수 있다. 이러한 고유성이 가치를 인정받아 유네스코에 등재되었을 것이다. 현대에도 경극을 가르쳐 주는 기관들이 있지만 기본적으로는 우리나라의 무형 문화 유산처럼 스승이 제자에게 전수하는 방식으로 전해지고 있다. 전수로 이어지는 전통 문화라고 하니 더 귀하게 느껴진다. 경극이나 투차, 풍등과 같은 중국 특유의 문화들은 과거 중국의 문화가 얼마나 번성하였는지를 고스란히 느끼게 한다. 그러한 중국이 뭐가 모자라서 옆나라의 한복이나 김치, 삼계탕에 꽂혀서 에너지를 낭비하는지 이해가 되지 않는다. 그런 요소들 때문에 드라마조차 온전히 즐기지 못하고 거르는 데에 신경을 써야 하니 씁쓸하다. 정치나 외교의 세계는 잘 알지 못하지만 서로의 문화를 혐오하는 대신 자국의 문화를 발전시키고 타국의 문화를 존중해 주었으면 좋겠다. 그건 우리에게도 해당하는 말이다. 자존감을 좀 높이고 살자!

자, 떠나자 열하로!

원래도 배우는 것을 좋아하지만, 대학원 과정은 특히 더 좋았다. 실연의 아픔을 극복하려고 간 대학원인데 평소 읽지 못했던 양질의 논문들을 읽는 즐거움에 빠져 이별과 사랑이 무엇인지 쉽게 잊을 수 있었다. 그게 재밌었다니 그거야말로 실연후유증이 아니냐고 말할지도 모르겠지만. 그 재미난 논문들 중에서도 특히 박지원에 대한 논문이 좋았다. 그 논문을 읽은 이후로 박지원은 존경하는 남성 위인 1호가 되었다. 논문은 박지원의 글쓰기에 대한 분석을 담은 것인데, 특히 《열하일기》에 대해 관심을 갖게 만들었다. 《열하일기》는 초등학교 교과서에 실릴 정도로 조선 후기 문학의 정수로 꼽히는 작품으로, 박지원이 건륭제의 70세 생일 축하 사절단을 따라 열하로 떠나는 일정을 담은 기행문이다. 그런데 좋아한다면서, 교과서에서 그 지문을 숱하게 읽었으면서, 열하가 어딘지 찾아볼 생각을 〈옹정황제의 여인〉을 보면서야 하다니 스스로에게 실망했다. 난 그냥 박지원을 좋아하는 스스로에게 취했었구나! 중드가 아직도 나를 키운다.

〈옹정황제의 여인〉에서 열하는 금기어에 가까웠다. 드라마에서 4황자 시절, 옹정제는 술김에 열하행궁의 시녀와 동침을 한 적이 있는데 이 한 번의 만남에 황자가 태어났다. 후손이 귀한 옹정제의 입장에선 반가운 노릇이지만 황자의 어미가 시녀 출신이라는 점이 문제였다. 이 문제로 아버지 강희제에게 혼났기에 이 아이를 원명원이라는 별궁에서 혼자 자라게 했다. 키운다고 표현하지 않은 것은 옹정제가 피서를 위해 원명원에 머물면서도 아들의 문안조차 거부했기 때문이다. 낳았다고 다 키우는 게 아니란 말이다. 자식 복이 없어도 싸다는 생각도 든다. 물론 이는 드라마상의 설정이니 너무 흥분할 필요는 없다. 출생의 비밀을 말하기 위해 이 이야기를 시작한 건 아니니 말이다. 그저 난 4황자가 태어난, 그리고 건륭제가 칠순잔치를 했다는 열하행궁이 궁금할 뿐이다. 열하행궁과 더불어 또 다른 별궁인 원명원과 이화원까지 알아 보자.

청나라 시대에는 자금성을 제외하고도 별궁이 여럿 있었

는데 대표적인 세 곳이 열하행궁(피서산장), 원명원, 이화원이다. 그중 한 곳인 열하행궁과 이화원은 현재 유네스코 세계문화유산으로 등재되어 있다. 만주족이 살았던 지역은 서늘한 기후라 만주족 황족들은 아무리 쾌적하게 지낸다 해도 북경의 자금성에서 여름을 나는 것이 쉬운 일이 아니었다. 따라서 여름이면 피서를 떠났는데, 옹정제는 강희제가 선물한 북경 내의 원명원으로 떠났다. 〈옹정황제의 여인〉에서는 훗날 건륭제가 되는 4황자 홍력이 자라는 곳인데 실제로 건륭제 역시 원명원을 좋아했다고 한다. 이 때문에 드라마에서는 출생 비화를 이용하여 건륭제를 원명원에서 자라게 한 모양이다. 원명원은 2차 아편전쟁 때 영국군과 프랑스군에 의해 불타 폐허가 되었는데 이후로도 거의 복원이 되지 못해 지금은 볼품없는 장소가 되어 버렸다.

그에 반해 또 다른 북경의 정원인 이화원은 현재 거의 복원이 다 되었다. 이화원은 건륭제가 어머니(〈옹정황제의 여인〉에서 견환)의 환갑을 축하하며 만든 청의원을 기원으로 한다.[9] 말이 정원이지 원명원도 그렇고 이화원도 자금성보다 몇 배나 큰 규모였다. 자금성이 경복궁이라면 두 정원은 에버랜드라

---

9   건륭제의 출생에 대한 논란(한족 시녀의 아들 설, 진각라궁에서의 출생 설 등)은 청나라 황제 중 유일하며, 이는 주로 강희제가 건륭제에게 거는 기대가 컸다는 점 때문에 생겨난 소문들로, 공식적으로는 효성헌황후 뉴호록씨의 아들이 맞다. [감수자 주]

고 보면 된다. 원명원과 마찬가지로 제2차 아편전쟁 때 파괴되었지만, 서태후가 해군 기금을 쏟아부어 복원했다. 외세가 호시탐탐 노리던 때에 해군 기금을 쏟아부었다니, 이 때문에 서태후는 온갖 비난을 받았다. 하지만 결과적으로는 현대 효자 관광지이자 유네스코 세계문화유산으로까지 등재 되었으니 무작정 비난하기도 어렵다. '그때는 틀렸고 지금은 맞다'라고나 할까? '중국 전통 조경의 최강자'라는 수식까지 붙으니 얼마나 멋진지 궁금하다. 죽기 전에 가보고 싶다는 마음도 들지만 그 복원이 얼마나 많은 사람 목숨을 담보로 했을까를 떠올리면 망설여지기도 한다.

마지막 별궁은 베이징을 멀리 벗어난 피서 산장, 열하행궁이다. 산장 안에 열하熱河라는 온천이 있어 '열하행궁'이라는 별칭이 붙었다. 맞다, 바로 박지원이 쓴 《열하일기》의 그 열하이다. 이화원과 마찬가지로 유네스코세계문화유산으로 등재되어 있다. 열하행궁은 베이징 북쪽에 위치하여 외국 사신들과 접견하는 장소로도 이용되었다. 예를 들어, 건륭제가 매카트니 사절단을 오라 가라 한 곳도 열하요, 조선의 사신들이 칠순을 축하하기 위해 간 곳도 열하이다. 이화원의 두 배요, 자금성의 여덟 배라는 열하행궁은 다행히 아편전쟁의 피해를 당하지 않아 여전히 그 모습을 보존하고 있다. 산장 안에 건륭제가 불교 신자인 어머니 뉴호록씨를 위해 지었다는 보타종

승지묘의 사진은 마치 팔기의 갑옷을 닮아 보인다. 물론 이건 순전히 내 시점이다. 내겐 그 무엇보다 '기승전 팔기'로 기억되는 청나라이다. 이 책을 읽는 독자들에게 청나라는 무엇으로 기억될지 궁금하고 기대가 된다.

황제를 낳은 어머니들

중국사 책을 여럿 읽었지만 역사 책에서는 견환의 모티브가 되었다는 효성헌황후를 좀처럼 만날 수 없었다. 역사적으로 중요한 인물은 아니었던 걸까? 그런데도 그녀의 이야기는 76부작 〈옹정황제의 여인〉이 되었다. 중드 중에는 견환처럼 황제의 어머니에 대한 작품들이 적지 않은데 이럴 때마다 요즘 인기를 끄는 교육서들의 제목이 떠오른다. '아들을 서울대에 보낸 엄마의 합격 수기' 같달까? 하지만 교육서들과 달리 이 드라마들에서 아들들은 대체로 중요하지 않다. 아들과 연결되지 않은 그녀 자신들만의 이야기를 전한다. 아들을 황제로 만들었다기보다는 아들이 황제가 되어서 새삼 빛을 보게 된 어머니들이라고 말하는 게 더 적절하다. 원톱 여주인공들이 드라마를 끌고 가야 해서 배우의 역량이 유독 빛나는 드라마들이다.

〈미월전〉(2015)

배경 춘추시대

회차 81부작

한 줄 요약 초나라의 공주였던 미월이 중국 최초의 태후가 되기까지의
일대기.

시청 포인트 미월은 진나라에서 미팔자의 지위를 거쳐 중국 최
초의 태후인 선태후가 된 인물이다. 이 드라마는 초나라 공주
시절부터 시작해 미월의 생애 전반을 다룬다. 미월은 〈대진제
국〉 시리즈에도 등장하는데, 〈미월전〉의 손려와 〈대진제국〉의
닝징 모두 카리스마가 엄청나다. 굵직한 연기가 일품이다.

　81부라는 긴 분량이지만 방영 기간 동안 130억 조회라는 큰
성공을 두었고, 이후 여성 서사 사극의 붐이 일었다. 〈옹정황
제의 여인〉 제작진이 참여하여 중국 복식의 아름다움에 대해
서 또 한 번 경험할 수 있지만 고증에는 좀 소홀했다는 평가
를 받는다.

〈호란전〉(2019)

배경 춘추시대

회차 62부작

한 줄 요약 호란이 여불위의 눈에 들어 차근차근 태자비, 황후, 태후가 되는 일대기.

시청 포인트 진시황제의 어머니인 조희에 대해서는 대체로 여불위, 노애와의 자극적인 애정 행위들만 화제 삼는데, 〈호란전〉은 그렇지 않았다. 조희를 굉장히 영리하고 계산적인 여성으로 그렸다. 왜곡 논란이 있지만 새로운 해석을 본다는 생각으로 보면 좋은 드라마이다. 와이드 화면 비율의 고품질 영상미도 또 다른 즐거움이 될 것이다.

호란 역을 맡은 오근언(우진옌)은 〈연희공략〉, 〈호란전〉, 〈상식〉 등에서 매번 비슷한 캐릭터로 연기한다는 비판도 받지만 잘하는 것을 잘 해내는 것도 능력이지 않을까? 농염함을 빼고 영리함을 보여 준 호란 역에 딱 어울렸다.

〈모의천하〉(2008)

배경 한나라

회차 33부작

한 줄 요약 한원제의 황후로, 한성제의 태후로 살았던 왕정군의
파란만장한 일대기.

시청 포인트 〈모의천하〉는 소개하는 드라마들 중에 가장 자극적인 후궁 암투물이다. 한성제의 황후와 후궁이었던 조비연, 조합덕 자매는 이후 후궁들이 경계로 삼아야 할 나라를 망친 후궁의 대명사가 되었다.

후궁 암투물인만큼 수많은 여성이 나오는데, 조비연 역할의 동려아를 제외하고는 역할에 비해 배우들의 연령이 높아 거부감이 들기도 한다. 하지만 감정 과잉, 긴장 과잉, 쟁투 과열의 암투물에 내동댕이 쳐지고 싶다면 볼만하다. 우리나라 드라마 〈여인천하〉에 비견할 만하다.

〈연희공략〉(2018)

배경 청나라

회차 70부작

한 줄 요약 건륭제 시기 궁녀로 들어온 위영락이 황귀비의 자리에까지
오르는 일대기.

시청 포인트 　비슷한 시기에 같은 인물을 주인공으로 한 드라마가 두 편 방영되었다. 〈여의전〉과 〈연희공략〉은 가경제의 어머니인 효의순황후 위영락의 일대기를 다룬 드라마이다. 위영락은 건륭제의 총애를 받다 귀비로 생을 마쳤다.

　방영 전엔 〈연희공략〉의 제작소인 우정제작소의 이미지가 좋지 않아 〈여의전〉이 더 흥행할 것으로 보였으나, 예상외로 고증면이나 흥행면에서 〈연희공략〉이 압도적으로 성공했다. 말도 많고 탈도 많은 우정제작소가 제대로 한 방을 날렸다. 당시 인물들에 대한 해석이 달라 두 드라마를 모두 보며 비교하는 재미도 있을 것이다. 〈연희공략〉은 2018년 방영 당시 중국 내 39일 연속 온라인 시청률 1위를 하였다.

황제의 어머니가 되지 못한 여인들의 이야기

〈풍태후〉

남북조 시대 선비족의 전통에는 황태자를 낳은 생모는 사약을 받아야 했다. 그래서 북위의 풍황후는 아들을 낳지 않기로 했고, 대신 풍태후가 되어 섭정을 하였다. 오천련(우첸롄)이 주연을 맡아 여성 정치가의 모습을 보여 준다. 아들 낳기를 거부하고 황제급의 능력을 발휘하기로 한 점이 괜히 더 멋져 보인다.

〈위황후전〉

중국 역사상 두 번째로 오랜 시간 황후의 자리를 지킨 한무제의 황후 위자부의 이야기이다. 위자부는 동생 위청과 조카 곽거병을 명장으로 만들었고 태자까지 낳으며 만인지상의 자리에 올랐으나, 말년의 한무제가 태자를 죽이자 자신마저 목숨을 끊었다. 증손자가 한선제가 되니 황제의 할머니는 될 수 있었다.

<대송궁사>

송나라 진종은 유아라는 미인을 황후로 삼고자 했는데, 그녀가 과부였기에 신하들의 반대가 심했다. 그러나 유아는 정치적 능력이 뛰어나 결국 황후도 되고, 황태후도 되었다. 비록 남의 아들을 빼앗아 온 죄는 있으나 인종을 반듯하게 잘 키워 냈고 나라를 잘 운영했다. 그래서 역사는 그녀를 나쁘게 평가하지 않는다. 나도 그러하다.

책을 쓸 때 참고한 책들

전체

왕레이, 기묘한 중국사, 에쎄, 2021.

젠보짠, 중국사 강요(전2권), 중앙북스, 2023.

조관희, 한권으로 정리한 이야기 중국사, 청아출판사, 2003.

통차오, 보이는 중국사(전2권), 다른 생각, 2019.

폴 로프, 옥스퍼드 중국사 수업 , 유유, 2016.

홍이, 이것이 중국의 역사다(전2권), 애플북스, 2020.

1장

리쉬, 상나라 정벌, 글항아리, 2024.

페이즈, 고양이가 중국사의 주인공이라면1, Bunny on the
  moon, 2020.

허중림, 봉신연의(6권), 솔, 2016.

2장

공원국, 춘추전국이야기(11권), 위즈덤하우스, 2017.

사마천, 사기본기, 민음사, 2015.

사마천, 사기열전 1, 민음사, 2020.

유향, 전국책(2권), 올재, 2020.

이희재, 만화로 읽는 사마천의 사기(전7권), 휴머니스트, 2020.

3장

강정만, 한나라 역대 황제 평전, 주류성, 2022.

변원종, 나라의 운명을 바뀌게 한 천하절색, 한국학술정보, 2025.

요네다 유타로, 대륙의 꽃, 현인, 2016.

유홍준, 나의 문화유산답사기 중국편 1: 돈황과 하서주랑, 창비, 2019.

이노우에 야스시, 둔황, 문학동네, 2010.

이영란, 차이나 허스토리, 역락, 2024.

정재훈, 흉노 유목제국사, 사계절, 2023.

4장

강정만, 당나라 역대 황제 평전, 주류성, 2020.

마보융, 장안 24시, 현대문학, 2018.

이유진, 중국을 빚어낸 여섯 도읍지 이야기, 메디치미디어, 2018.

이중톈, 이중톈 중국사 16: 안사의 난, 글항아리, 2023.

周汛·高春明, 中国历代妇女妆饰, 上海学林出版社, 1997 (pdf판).

탄찬쉬에·판진스, 중국 중세 복식 문화, 민속원, 2024.

5장

과지라, 송나라에 간 고양이, 모모, 2020.

글림자, 일러스트로 보는 중국 복식 문화와 역사 1, 혜지원, 2022.

김기협, 오랑캐의 역사, 돌베개, 2022.

류융화, 중국 복식사 도감, AK(에이케이) 커뮤니케이션즈, 2024.

쉬홍씽, 야오룽타오, 천추흥망 송나라, 따뜻한 손, 2010.

자오이, 대송 제국 쇠망사, 위즈덤하우스, 2018.

치엔웨이창, 중국 역사 속의 과학 발명, 전파과학사, 2024.

6장

강정만, 명나라 역대 황제 평전, 2017.

김영수, 간신: 간신전, 창해, 2024.

단죠 히로시, 영락제: 화이질서의 완성, 아이필드, 2017.

단죠 히로시, 천하와 천조의 중국사, AK(에이케이)
　커뮤니케이션즈, 2023.

7장

강정만, 청나라 역대 황제 평전, 주류성, 2019.

다이이, 청나라 흥망사의 수수께끼, 경지출판사, 2025.

옌 총리엔, 청나라 제국의 황제들, 산수야, 2025.

장융, 서태후: 현대 중국의 기초를 만든 통치자(전2권),
　책과함께, 2015.

중드 보다 중국사

초판 1쇄 발행 2025년 12월 24일

지은이   이효민
펴낸이   박영미
펴낸곳   포르체

책임편집   김찬미
마케팅   정은주 민재영
디자인   황규성

출판신고   2020년 7월 20일 제2020-000103호
전화   02-6083-0128
팩스   02-6008-0126
이메일   porchetogo@gmail.com
인스타그램   porche_book

ⓒ 이효민(저작권자와 맺은 특약에 따라 검인을 생략합니다.)
ISBN 979-11-94634-72-0 (03910)

여러분의 소중한 원고를 보내주세요.
porchetogo@gmail.com